Walther Zeitler · I bin vom Woid dahoam

Walther Zeitler

I bin vom Woid dahoam

Max Binder

Ein Leben
für den Bayerischen Wald

Verlag Attenkofer

Verlag und Druck: Cl. Attenkofer'sche Buch- und Kunstdruckerei,
94315 Straubing
1. Auflage 1997
© Verlag Attenkofer Straubing
ISBN 3-931091-17-1

Max Binder

Dieses Buch beschreibt das Leben eines bescheidenen, doch sehr erfolgreichen Mannes, eines echten Waldlers, wie die Bewohner des Bayerischen Waldes genannt werden. Den Erfolg hat sich der Häuslersohn Max Binder aus Kirchberg im Wald hart erarbeitet. Aber dank der bei ihm besonders stark ausgeprägten Eigenschaften, welche man als typisch für die Waldler bezeichnet, wie Zähigkeit, Fleiß, Hilfsbereitschaft, Genügsamkeit und Einsatzfreude, gepaart mit ein wenig Glück, gelangte Max Binder in die höchsten Positionen, welche man im öffentlichen Leben im Bayerischen Wald erreichen kann: Mit 30 Jahren wurde er Bürgermeister seiner Heimatgemeinde, mit 43 Jahren Landtagsabgeordneter des Wahlkreises Kötzting-Regen und mit 49 Jahren Landrat des Landkreises Regen.

Bereits 1964 wurde Max Binder mit dem Bayerischen Verdienstorden ausgezeichnet, obwohl diese hohe Auszeichnung erst 1957 gestiftet worden war und jeweils nur an zweitausend Lebende verliehen werden darf. So hoch schätzte man bereits damals seine Verdienste.

Die Krönung seines sicher einmaligen Lebenswerkes war die Verwirklichung der Fernwasserversorgung Bayerischer Wald, welche heute einer halben Million Menschen und dazu Tausenden von Feriengästen stets einwandfreies und ausreichendes Wasser liefert.

Das Leben von Max Binder gründet auf drei Säulen:
- *Auf einem unerschütterlichen Gottvertrauen, das der gläubige Katholik ein Leben lang bewiesen hat,*
- *auf einer tiefen Heimatliebe, ohne die er die oft schweren Probleme kaum bewältigt hätte und*
- *auf einer intakten Familie, angefangen von einem guten, christlichen Elternhaus, bis hin zu seiner eigenen Familie, wo ihm jetzt im Alter seine Kinder treu umsorgen.*

Von Natur aus mit einer robusten Gesundheit ausgestattet, kann er über ein ungewöhnliches und erfülltes Leben berichten. Ich habe ihm eines Tages am Telefon vorgeschlagen: „Herr Binder, wenn Sie einverstanden sind, schreibe ich über Sie ein Buch!" Da war zunächst einige

Zeit Stille in der Telefonleitung und dann kam die bedächtige Antwort: „Mei, wenn's moana!"

Hier ist dieses Buch. Es ist aber nicht nur eine Lebensgeschichte, sondern es ist auch mit die Geschichte des Bayerischen Waldes in diesem Jahrhundert, lebendig erzählt von einem der sie miterlebt und mitgestaltet hat. Sein Leben hat mir Max Binder in vielen Stunden geschildert. Das meiste davon habe ich auf Tonband festgehalten. So war es ein Leichtes, große Teile in direkter Rede wiederzugeben. Allerdings habe ich des besseren Verständnisses wegen für alle diejenigen, welche des Bayerwalddialektes nicht so mächtig sind, die Sprache meist ins Hochdeutsche übertragen. Das unwahrscheinliche Gedächtnis des 1997 bereits 86jährigen und seine Erzählkunst machten für mich diese Stunden zu einem spannenden und unvergeßlichen Erlebnis. Bewußt wurden die unzähligen Begebenheiten aus seiner politischen Laufbahn auf einige wenige beschränkt, die 16jährige Tätigkeit als Landtagsabgeordneter in wenigen Seiten abgehandelt und dafür dem Menschlichen, dem wirklichen Leben breiter Raum eingeräumt.

In der Geschichte des Bayerischen Waldes wird der Name Max Binder an herausragender Stelle vertreten sein. Für mich ist Max Binder ein 'Jahrhundertmann', ein Mann, wie ihn eine Gegend in einem Jahrhundert nur wenige hervorbringt. Gäbe es eine Ehrenbürgerschaft des Bayerischen Waldes, er hätte sie wirklich verdient!

Walther Zeitler

Kirchberg – Gotthardsberg

Die Lebensgeschichte von Max Binder spielt zumeist in Kirchberg, Regen und München, Mittelpunkt war jedoch immer Kirchberg im Wald, einem schön gelegenen Pfarrdorf südlich der Kreisstadt Regen mit derzeit etwa 1 200 Einwohnern. Die politische Gemeinde Kirchberg umfaßt darüber hinaus noch mehrere umliegende Ortschaften, die mit Kirchberg zusammen am 1. Januar 1997 genau 4 207 Einwohner zählten. Kirchberg ist damit die einwohnerstärkste Gemeinde im Landkreis Regen-Viechtach nach den Städten Regen, Zwiesel und Viechtach.

Die Gegend um Kirchberg wurde vom Kloster Niederaltaich urbar gemacht. Erstmals wurde der Ort und die Kirche in einer Urkunde

Kirchberg im Wald vor dem letzten Krieg

vom 12. Juli 1146 erwähnt, allerdings mit dem früheren Ortsnamen Gotthardsberg. 1996 konnte Kirchberg somit sein 850jähriges Ortsjubiläum feiern und tat dies mit zahlreichen Veranstaltungen und einem grandiosen Festzug.

Der Amthof

Kirchberg selbst ist eine alte Rodungsinsel des Klosters Niederalteich mitten im einst unwirtlichen Nordwald. Bereits 1254 zählte Abt Hermann von Niederalteich dreizehn Güter und drei Mühlen in Kirchberg. 1812 bestanden hier 24 Wohnhäuser, mit Nebenbauten insgesamt 24 Gebäude, von denen 59 mit Schindeln gedeckt waren. In Kirchberg wird bereits um 1250 ein Grundrichter genannt, wie die Historikerin Ingeborg Seyfert schreibt. Im Laufe der Jahrhunderte hatten diese Grundrichter den Amthof errichtet, ein umfangreicher Komplex, der das Dorfzentrum beherrscht. Dazu gehörte neben dem eigentlichen Amthof mit seinem riesigen, doppelgewalmten Dach noch Stallungen, Städel, Schupfen, das Bräuhaus, Metzgerei und Bäckerei. Die Hauptgebäude dieser einst geistlichen Hofmark stehen heute noch, viele der Nebengebäude wurden abgebrochen, darunter auch die Brauerei.

Bis weit ins 19. Jahrhundert herein gehörte der Amthof der Grundrichterfamilie von Kiesling, wechselte dann mehrmals den Besitzer, bis ein gewisser Hirtreiter den Amthof an Josef Danzer verkaufte, weil er ihn vollkommen abgewirtschaftet hatte.

Josef Danzer hatte in Sandbach bei Passau ein Fuhrgeschäft betrieben und mit dem Holz- und Brettertransport zur Donau ein Vermögen erworben. Er kaufte den Amthof und brachte ihn wieder in die Höhe. Jo-

Die obere Aufnahme zeigt den Amthof etwa im Jahre 1930. Ganz rechts ist die Danzervilla, daneben das Postgebäude, vor dem gerade ein Postomnibus steht, dahinter der mächtige Gebäudekomplex des Amthofes. Oben die St. Gotthardskirche und davor der Pfarrhof.
Das Foto darunter zeigt das Ensemble im Zustand von 1997.

Ökonomierat Josef Danzer

sef Danzer wurde sogar Ökonomierat. Er starb 1931 im 85. Lebensjahr, seine Frau Maria, eine geborene Pledl, bereits 1916 im 67. Lebensjahr. Anschließend übernahm Sohn Hermann Danzer den Besitz, dem seine tüchtige Frau Josefa zur Seite stand. Das Ehepaar starb kinderlos und verhältnismäßig früh, Hermann Danzer 1945 im 64. Lebensjahr, Josefa Danzer 1956 im 67. Lebensjahr. Das Erbe konnte in der Verwandtschaft nicht gehalten werden.

Die Eltern

Die Eltern von Max Binder stammten beide aus Unterneumais, ein Dorf, das heute direkt mit Kirchberg zusammengebaut und nur noch ein Ortsteil von Kirchberg ist. Vater Johann Binder (1879 bis 1954) war Landwirt. Er hatte den Hausnamen Molz-Hans. Die Mutter Maria (1870 bis 1924) war eine geborene Baumann. Ihr Elternhaus hatte den Hausnamen „beim Bois-Jogl". Die Mutter hatte Schneiderin gelernt und übte das Handwerk auch nach ihrer Verheiratung weiter aus. Max Binder erinnerte sich. „Die Kleider, die meine Mutter machte, würden wir heute als Tracht bezeichnen. Dazu gehörten lange Röcke mit schweren Biesenbändern unten, damit der Rock schön fiel. Oben war ein Spenzer, der mehr oder weniger verziert wurde. Als Kopfbedeckung trugen damals die Frauen bei uns einheitlich Kopftuch.

Unser Haus in Kirchberg hatten meine Eltern 1904 von der Witwe des Braumeisters Eggersdorfer der Brauerei Danzer gekauft. Diese hatte darin ein Wohnrecht auf Lebenszeit und wohnte im ersten Stock. So waren wir anfangs sehr beengt. Wir drei Buben schliefen in einem Zimmer zusammen, allerdings hatte jeder ein eigenes Bett. Meine Schwester schlief bei den Eltern in deren Schlafkammer.

Meine Eltern waren streng katholisch. Etwas anderes hat es damals auf dem Lande gar nicht gegeben. So mußten wir jeden Tag in der Stube das Nachtgebet beten. Dazu knieten wir uns auf den Boden hin und haben versucht, uns wenigstens mit den Armen auf einem Stuhl oder auf der Bank aufzustützen. Jeden Samstag abend wurde in der Stube der Rosenkranz gebetet. Dazu haben sich Vater und Mutter auch auf den Stubenboden hingekniet. Danach mußten wir sofort ins Bett. Natürlich wurde früh und mittags vor und nach dem Essen gebetet.

Als wir schon etwas größer waren, sagten wir der Mutter „Geh, wir können jetzt auch selber beten". Da mußten wir dann im Bett beten. Die

Die Familie Johann Binder im Jahre 1921: Die Eltern Maria und Johann Binder, neben ihnen von links die Kinder Jakob, Max, Maria und Josef, dahinter zwei Geschwister von Johann Binder.

Mutter ist jedoch mit hinaufgegangen und hat zu beten angefangen. Bevor ich mich zur Ruh begeb... und so fort. Zum Schluß noch ein Vaterunser. Oft haben wir nicht fertig gebetet, weil wir zu müd waren und sind gleich eingeschlafen. Die Mutter ist dann hinuntergegangen und hat noch genäht, gestrickt oder gestopft und das bei dem schlechten Petroleumlicht!

Das Nähen hat die Mutter in Fischerdorf gelernt, heute der südliche Stadtteil von Deggendorf. Wenn es da lange geregnet hatte oder zur Schneeschmelze, waren die Straßen und Wege in Fischerdorf oft überschwemmt. Dann mußte meine Mutter mit einer Zille zum Einkaufen fahren oder Kleider wegbringen. Das hat sie jedesmal gefürchtet. Das war auch gefährlich, als junges Mädchen mit einem schweren Kahn in den von der Donau ins Dorf gedrückten Fluten herumzufahren. Oft erzählte sie uns: „Nur dös wann i amal nimma toa miaßat, hob i mir imma denkt!"

Am Sonntag, wenn die Frauen zu meiner Mutter zur Anprobe kamen, hingen dann immer acht oder zehn Kleider an den Haken, die an der Zimmerdecke eingedreht waren. Da warteten dann manchmal gleich mehrere Frauen bis sie zur Anprobe drankamen. Da wurde dann gerätselt: Ja, für wen is den dös schöne Kleidel?" Wer werd sich denn dös macha laßn? Dös tat ma a gfall'n. So ging es da hin und her.

Meine Mutter hat sich besonders gefreut, wenn sie ein Brautkleid machen durfte. Da hat sie sich extra angestrengt. Wenn das nicht von der Braut oder ihren Angehörigen selbst abgeholt wurde, dann mußte ich das wegbringen. Da bin ich oft bis Höllmannsried oder Raindorf mit einem Brautkleid marschiert. Ich bekam dann immer ein Trinkgeld oder Schmalzgebackenes, das schon für die Hochzeit hergerichtet war."

Kinderzeit

„Früher war es selbstverständlich, daß die Erwachsenen den ganzen Tag arbeiteten, vom Aufstehen bis zum Bettgehen. Natürlich mußten auch die Kinder früh mitanpacken. Wenn ich von der Schule kam, dann sagte meine Mutter jeden Tag beinahe das gleiche zu mir: „Ziag di aus und tua dei Arwat!" Meine Arbeit war damals, da war ich gerade zehn Jahre alt: „Erpfl aufatrogn, Holz vüratrogn, Ruam stößn, Gsod schnein und Henna fuattern!" Auf Hochdeutsch heißt das: Kartoffel aus dem Keller holen, Holz aus der Schupfe vortragen, Rüben zerkleinern, Häcksel schneiden und die Hühner füttern! Gar nicht betont wurde, daß ich dreimal am Tag mit einem Zehn-Liter-Eimer vom 50 Meter vom Haus entfernten Pumpbrunnen Wasser holen mußte. Damals hatten wir Kinder ein Schulgewand und ein Werktagsgewand. Die Hosen hat die Mutter selbst geschneidert, Joppen habe ich die anziehen müssen, aus denen meine älteren Brüder herausgewachsen waren. Das Schulgewand hatte man halt noch nicht so lange getragen, wie das Werktagsgewand.

Das Schwerste war von allem das Gsodschneiden. Da haben der Mader Jakob, der Sterl Ernst und ich immer zusammengeholfen. Wir waren Nachbarskinder und jeder mußte diese Arbeit daheim tun. Da sind wir von einem Haus zum anderen gelaufen und haben uns geholfen, besonders beim Drehen der schweren Maschine. Das ging immer tsch.. tsch.. tsch.

Wir hatten meist folgenden Viehbestand: Drei Kühe, ein Kalb, zwei Schweine, etwa 15 Hühner, eine Katze und Tauben. Die Kühe hatten wir noch bis 1960, da war ich schon Landtagsabgeordneter.

Im Winter sind wir immer zu fünft oder sechst mit einem großen Zugschlitten zum Taubenmarkt nach Regen gefahren. Der war auf dem großen Stadtplatz. Wir steckten unsere Tauben jeder in eine Steige und sind dann mit dem Zugschlitten losgefahren. Da haben wir gehandelt, getauscht, gekauft und verkauft. Auf dem Platz stand ein großer Wurstkessel, der den ganzen Tag über dampfte und aus dem ein Pferdemetzger seine Würste verkaufte. Dort haben wir uns dann immer zwei Pferdewürste gekauft und dazu ein Stück Brot. Um sechs Uhr früh sind wir zu Hause mit unserem Schlitten losgefahren, wenn es dunkel wurde, sind wir über Weißenstein und Schleeberg wieder nach Hause gekommen.

Winterfreuden

Im Winter haben wir halt das gemacht, was die Kinder andernorts auch taten: Schlittenfahren den Osthügel hinunter. Damals war die Post noch zwischen der Danzervilla und dem Amthof. Als wir älter waren, haben wir Eisstock geschossen oder sind mit unseren Holzschuhen über die Eisbahn geschliddert. Da haben wir auf die Sohlen der Holzschuhe

Zu den Winterfreuden der Kinder gehörte früher Schlittenfahren und später auch Skifahren, wie hier vom Dach eines Stadels, allerdings stammt diese Aufnahme aus der Zeit nach 1950.

schmale Holzstäbe aufgenagelt und darüber ein Metallstück, meist ein Teil von einem alten Sägeblatt, das wir uns von der Danzer-Säge geholt haben. Da rutschte man nur so dahin.

Sommerfreuden

Im Sommer hatten wir weniger Zeit wie im Winter. Wir mußten schon als Kinder Kühe hüten, Holz aufrichten und anderes. Oft hat mich die Mutter schon um 5 Uhr geweckt und gesagt. „Geh gschwind in d'Schwamma, damit i wos auf Mittag hob!" Da wußte ich natürlich schon bestimmte Plätze, wo es auch sicher welche gab. Wir haben, wenn es viele gab, auch Pilze getrocknet und sie verkauft. Auch „in die Hoiwa", also die Schwarzbeeren, mußten wir geh'n und haben auch die oft an die Aufkäufer verkauft. Da sind wir von einem zum anderen gegangen, wer mehr zahlt. Bei einem gab es vier Pfennige für einen Liter, bei einem anderen fünf.

Gerne haben wir auch gespickelt oder mit dem „Peterskopf" gespielt. Das war eine Art Kreißelspiel. Da gab es zwei alte Männer, die haben uns auf der Drechselbank Kugeln gedreht, in diese wurde auf einer Seite ein angespitzter Stift gebohrt. Dann nahm man eine „Goaßl", wickelte die Schnur um den Stift und ließ den Peterskopf lossausen.

Natürlich haben wir auch manchmal geschafkopft. Besondere Freude machte ein Kegelspiel, das wir uns selbst gemacht hatten. In Kirchberg wohnte ein Zimmerer, den nannten alle den „Supperer", der hat uns die Kugeln aus hartem Holz gedrechselt. Als Kegel haben wir kleinere Rundlinge abgeschnitten und oben angespitzt. Dann haben wir ein paar Bretter ausgelegt und los ging das Kegelscheiben. Das war immer eine schöne Sach", da bin ich noch zur Volksschule gegangen. Später, in der

Früher waren die Winter sehr viel schneereicher wie wir sie in den 90er Jahren kennen. Die beiden Fotos zeigen Schneeräumarbeiten mit Handarbeit und pferde-bespannten Einfachschneepflug in Richtung Unterneumais, darunter Schneemauern zu beiden Seiten der Kirchberger Dorfstraße, beide Aufnahmen zu Beginn der 60er Jahre.

Feiertagsschule, hatte man zu so etwas keine Zeit mehr. Da hat man von früh bis spät gearbeitet, da hatte man nur noch am Sonntag etwas Zeit, um sich mit den Kameraden zu treffen.

Das Essen

Gegessen wurde bei uns dreimal am Tag. Eine Zwischenbrotzeit gab es nicht. Am Morgen gab es Eingebrocktes. Den Kaffee hat die Mutter dazu selbst auf dem Ofen geröstet, meist aus Korn. Mittags aßen wir eine Sauere Suppe oder eine Hirgstsuppe, dazu Kartoffeln und am Abend entweder Topfensuppe oder nur etwas Eingebrocktes. Fleisch gab es nur am Sonntag, meist einen Schweinebraten. Gemüse kannte man kaum. Es gab zwar Rüben und Sauerkraut, aber auch nicht jeden Tag.

Den ersten Salat im Jahr machte die Mutter am Kranzltag, also an Fronleichnam. Es gab schon einen Gemüsehändler Fischer, der fuhr nach Deggendorf und brachte Gemüse mit. So war Fronleichnam wegen des Grünen Salats und des Kartoffelsalats immer auch beim Essen ein besonderer Feiertag.

Karges Weihnachten

Zu uns ist auch der Nikolaus gekommen, der brachte halt ein paar Zelten oder Nüsse. Weihnachten war aber schon ein besonderes Fest. Da wurde einige Tage vorher geschlachtet, dann gab es Blut- und Leberwürste. Als Geschenk bekam man etwas, was man sowieso gerade brauchte. Ein paar Strümpfe oder Handschuhe, welche die Mutter selbst gestrickt hatte. Die Christmette war früher um Mitternacht. Da sind wir alle hingegangen. Wenn die um einhalb zwei Uhr aus war, ging man heim, viele hatten noch Laternen dabei, weil es ja keine Straßenbeleuchtung gab. Zu Hause bekam jeder nochmals eine Blut- oder Leberwurst mit Kraut und dann ging es ab ins Bett.

Der Kronprinz kam nach Kirchberg

Der Vater vom Sterl Ernst war sehr musikalisch. Der spielte Zugharmonika, alles auswendig. Die hatten eine Art Drogerie. Vater Sterl ist aber auch noch zum Musizieren gegangen. Der hat immer erzählt, wie er in Bayerisch Eisenstein, wenn der Kronprinz zur Jagd kam, dort mit seinen Brüdern Alois und Otto und einem gewissen Veigl aus Eisenstein für den Kronprinzen Musik machen mußte. Auch nach Kirchberg sei der Kronprinz gelegentlich gekommen. Bei den Sterl wurde viel musiziert und das hat uns Buben recht gefallen. Da haben wir mitgesungen und haben viel Gaudi gehabt.

Am schönsten war für uns Kinder der Postillion. Der hatte eine so schöne Uniform und eine Kutsche und zwei Pferde. Der fuhr jeden Tag von Kirchberg bis zur Reibe bei Hochbruck. Dort holte er die Post von der Postkutsche von Deggendorf nach Regen ab und auch Reisende, wenn welche dabei waren. Wir sind dann immer auf das Kutschendach gestiegen und haben ihm von oben die Koffer oder Pakete heruntergereicht, die er in die Post neben dem Amthof trug. Als Dank dafür durften wir dann mit der Kutsche von der Post bis zum Danzerhof fahren. Dort wurde die Kutsche und das Gespann eingestellt. Nach seiner letzten Fahrt kam er nach Kirchberg zurück, stellte sich auf dem Amthofplatz auf und blies zum letzten Mal mit seiner Trompete. Da waren wir alle traurig."

Pfingsteln und Wolfaustreiben

Als Kinder sind wir an Pfingsten von Haus zu Haus „Pfingsteln" gegangen. Ich habe da öfter den Pfingstl gemacht. Da wurde man mit Birkenzweigen umkleidet, daß niemand mehr erkannte, wer da drinnen ist. Der Pfingstl konnte auch kaum sehen und mußte „geweist" werden. An jedem Haus wurden wir empfangen, es wurde der Spruch gesagt und dann hieß es: „Pfingstl drah di!" Dann mußte der Pfingstl tanzen.

Wenn wir Pfingsteln gingen, ist immer eine ganze Horde von Kindern mitgelaufen und hat gerufen: „Da Pfingstl kimmt, da Pfingstl kimmt, da Pfingstl is scho do!" Alle haben immer geraten, wer denn heuer der Pfingstl ist.

Ein anderer Brauch war das Wolfaustreiben zu Martini im November. Da durften aber nur die Kinder aus den Anwesen mitgehen, die das Jahr über auch wirklich Vieh auf der Weide gehabt hatten. Da sind wir mit Kuhglocken herumgezogen, haben gescheppert und unseren Spruch aufgesagt. Das ging damals alles viel einfacher vor sich als heute, wo der Brauch vielfach seinen Sinn verloren hat."

Schulzeit

„Meinen ersten Schultag werde ich nie vergessen. Meine Mutter hat mich früh zur Schule gebracht, das war die frühere Mädchenschule. Unterwegs sagte sie zu mir: „Bua, iarzt geht für dich das Leben an. Ab iarzt muaßt arwat'n und Verantwortung übernehma, für dich und für alle anderen, mit denen du jetzt zusammenlebst!"

Meine erste Lehrerin war die Mater Eusebia, eine Klosterfrau der Englischen Fräulein. Sie war eine sehr große Frau, aber auch eine sehr gütige. Die hat uns halt richtig bemuttert. Als erstes meinte sie: Jetzt müßt's fest aufpassen und fleißig lernen! Aber zuerst beten wir! Dann hat sie gefragt, wer denn schon ein Gebet kann. Da haben sich gleich mehrere gemeldet und haben gerufen: das „Jesulein" können wir bet'n! Gut, sagte darauf die Ordensfrau, dann beten wir jetzt das „Jesulein"! Das war 1917, also mitten im Ersten Weltkrieg.

Im nächsten Jahr sind wir dann in ein anderes Klaßzimmer einen Stock höher gekommen. Da waren auch Buben und Mädchen zusammen in der 2. Klasse, es waren sicher 60 Kinder. Als Lehrerin bekamen wir die Mater Euphrasia. Die war etwas kleiner als die Mater Eusebia, aber auch viel strenger. Die hatte einen Spezialspruch, den sie immer wiederholte. „Aufpaß'n miaßts, lerna miaßts, und wenn's dös net tuats, - dann machte sie eine kleine Pause, nach der sie fortfuhr: „dann segn mia scho...!" Was wir dann sehen würden, hat sie allerdings nie gesagt. In der 3. Klasse kamen wir dann ins Knabenschulhaus droben auf dem Berg. Das steht heute gar nicht mehr. Wir waren etwa fünfzig Buben in einem Schulzimmer, aber das war die 3. und 4. Klasse „Buamaschul" zusammen. Noch immer durften wir nicht mit Tinte schreiben, das begann erst ab der 5. Klasse. Wir hatten einen Schulranzen mit einer Schiefertafel, daran ein Schwamm, eine Griffelschachtel und ein Rechenbuch.

In der 5. Klasse kamen wir dann in den oberen Schulsaal. Da waren die Bubenklassen 5 bis 7 beisammen in einem Raum. Das waren genau 72 Buben. Vorn war eine große schwarze Schulwandtafel und der Katheder. Auf dem Fensterbrett stand ein großer Wasserkrug. Wenn einer Durst hatte, ging er hin und trank daraus. War der Krug leer, so mußte der letzte zur Pumpe hinter dem Mesnerhaus gehen und frisches Wasser holen. Als Pausebrot gab es nur ein Stückel Brot.

Die Lehrer versuchten schon damals, uns den Unterricht möglichst abwechslungsreich und informativ zu gestalten. So kam in der 7. Klasse der Postexpeditor Käuferle zu uns und teilte Post- und Zahlungsanweisungen aus, die wir dann nach seinen Angaben ausfüllen mußten. Viele hatten damals von solchen Dingen keine Ahnung, auch die Eltern kaum.

Die Schüler wurden von Hauptlehrer Hämel nach der Leistung gesetzt. Die besten Schüler saßen in der letzten Reihe, darunter auch ich. Einmal hatten wir ein großes Erlebnis. Der Lehrer hatte ein Rechenbuch mit vorgedruckten Ergebnissen. Bei einer Rechnung kamen wir in der letzten Reihe zu einem anderen Ergebnis, als dies in Hauptlehrer Hämels Rechenbuch vorgedruckt war. Als wir ihm unser abweichendes Ergebnis sagten, wollte er dies nicht anerkennen. Die richtige Lösung stehe so in seinem Buch. Da bestand ich darauf, daß ich an der Tafel die Rechnung vorrechnen dürfe. Als der Lehrer merkte, daß meine Rechnung richtig war, änderte er sich schlagartig vom strengen zum freundschaftlichen Lehrer. Er schrieb einen Brief an den Schulbuchverlag und an den Schulrat, daß das Rechenbuch einen Fehler enthalte und wurde von beiden ausdrücklich gelobt. Damals wurde mir erstmals bewußt, daß nicht alles Gedruckte auch stimmen muß und zwangsläufig wahr ist.

Nach der Volksschule kam die Feiertagsschule

Nach sieben Jahren Volksschule mußten alle noch zwei Jahre die Feiertagsschule besuchen. Da gab es auch ein Lesebuch mit anspruchsvolleren Geschichten wie in der Volksschule. Diese Feiertagsschule war immer am Sonntag. Gleich nach dem Gottesdienst war zunächst Christen-

Dies ist ein historisches Foto: Es zeigt die Kirchberger Kirche hoch oben auf dem Berg, davor das Mesnerhaus mit der weißen Wand, daran nach links anschließend den Lehrerstadel und das alte Knabenschulhaus. Am Kirchendach kann man noch erkennen, daß die Kirche erweitert wurde.
Die Dame rechts ist Josefa Pfeffer, die Frau des Kaufhausbesitzers und Fotografen Josef Pfeffer.

lehre. Die hielt der Kooperator und sie dauerte meist von 10.30 bis 11.30 Uhr. Dann begann sofort anschließend die Feiertagsschule, die dauerte auch etwa eine Stunde. In der Feiertagsschule hat man dann versucht, uns auch etwas fürs Leben mitzugeben. Da wurden schon Dinge besprochen, die man später gebrauchen konnte. Da gab es aber etliche, denen war dieser Unterricht vollkommen „wurscht". Für die war die Hauptsache „wenns gar is!" Aber um diejenigen, die sich wirklich interessierten, nahmen sich die Lehrer schon sehr an. Da war ein Kooperator Alois Ratzinger, der kam aus der Familie des heutigen Kardinals Josef Ratzinger, der kaufte sich Bücher und las Zeitschriften, um uns Technisches verständlich zu machen. So machte er uns deutlich, wie ein Elektromotor funktioniert oder wie man eine Transmission baut und anderes. Von dem waren die meisten ganz begeistert. Er war später Pfarrer im Rottal und ist in Karbach begraben.

1950 wurde mit der Planung für ein neues Schulgebäude begonnen und auch gleich die Vorarbeiten hierzu in Angriff genommen. Unser Foto zeigt, wie die Schulkinder den Rasen für den Schulhausbau abheben und zur Seite schaffen. Alle waren mit Begeisterung dabei, heute wäre das unvorstellbar.

In der Feiertagsschule waren die Buben und Mädchen in eigenen Klassen. Allerdings kamen da nicht mehr alle regelmäßig zur Schule. Die mußten schon zu Hause arbeiten oder sind einfach weggeblieben. Der Feiertagsunterricht fand an allen Sonntagen statt mit Ausnahme der kirchlichen Feiertage und während der Ferien.

Die Schulmesse

Jeden Tag war auch Schulmesse, und zwar um Viertel nach sieben Uhr. Da mußten wir gehen. Es kamen auch die Kinder von auswärts von den Dörfern, die nach Kirchberg in die Schule gingen. Das waren damals Unternaglbach, Sommersberg, Mitterbichl, Wolfau, Rainberg, Laiflitz, Hangenleithen, Höllmannsried, Reichertsried, Dornhof, Schleeberg, Ebertsried, Obernaglbach und Unterneumais. Die heute zur Gemeinde Kirchberg gehörenden Dörfer Zell und Dösingerried hatten eine einklassige Volksschule in Zell. Später wurde in Zell noch ein zweiter Schulraum gebaut und dann mußten auch die Kinder von Dornhof nach Zell zur Schule gehen.

Manche hatten einen einstündigen Schulweg nach Kirchberg, das war im Winter manchmal schon hart. In der Religionsstunde am Dienstag und Freitag fragte immer der Kooperator: Wer war in der Frühmeß? Da meldete sich meist die Hälfte aller Kinder, ganz gleich, wie das Wetter war.

Der Unterricht war dann von 8 bis 11 Uhr und nachmittags von 13 bis 15 Uhr. Am Samstag war kein Nachmittagsunterricht. Allerdings fiel im Sommer der Nachmittagsunterricht aus, denn da mußten die meisten Kinder daheim schon mithelfen, Kühe hüten, auf die jüngeren Geschwister aufpassen, abspülen oder nachmittags in die Beeren und Pilze gehen, die dann verkauft wurden.

In der Volksschule hatten wir sogar schon Sport, meist einmal in der Woche am Nachmittag vielleicht eine Dreiviertelstunde. Da haben wir „Fürchtet ihr den schwarzen Mann" gespielt. Die Klasse stellte sich in zwei gleichstarken Abteilungen auf und dann mußten auf Kommando die Seiten gewechselt werden und einer mußte versuchen, einen zu fangen. Das war immer die schönste Schulstunde in der ganzen Woche. Am Nachmittag waren meist die Fächer, die etwas abwechslungsreicher waren, wie Singen, Religion, Sport. Da hatten wir einen Lehrer, der hat uns immer die Melodien beim Singen auf der Geige vorgespielt, doch oft war eine Saite gerissen und dann hat er halt auf seiner Geige mehr herumgekratzt als gespielt.

Natürlich war es früher selbstverständlich, daß wir Kinder im Dorf vor dem Pfarrer, dem Kooperator und dem Lehrer beim Grüßen die Mütze oder den Hut abnehmen mußten. Dazu sagte man früher zu den Geistlichen auch noch „Gelobt sei Jesus Christus' und die Mädchen machten einen Knicks."

Beichte, Erstkommunion, Firmung

Die erste Beichte war für den zehnjährigen Maxl schon ein großes Erlebnis. Den Beichtunterricht erteilte der Kooperator, der sie ein Vierteljahr lang mit dem Beichtspiegel, mit Reue und gutem Vorsatz vertraut machte. Aber sonst war der erste Beichttag ein Tag wie jeder andere.

Ganz anders war dies bei der Erstkommunion. Da bekam Max Binder wie alle Kinder eine große Kommunionkerze und einen neuen Anzug, den ersten in seinem Leben. Diesen kauften ihm zwei Tanten, die in Unterneumaris wohnten und selbst keine Kinder hatten. Dieser erste Anzug von den beiden Baumann-Tanten war ein Matrosenanzug, wie sie damals in Mode waren. Die blaue Jacke hatte einen großen viereckigen Kragen mit weißen, aufgenähten Streifen, die Hose ging weit übers Knie, daß sie lange paßte und man sie mehrere Jahre anziehen konnte. Natürlich sind die Eltern und die beiden Tanten mit im Gottesdienst gewesen. Mittaggegessen wurde zu Hause, aber am Nachmittag nach der Andacht war im Mädchenschulhaus noch der Kommunionnachmittag. Da waren wieder die Eltern dabei und es wurde immer etwas Lustiges gemacht. So wurden an einer Schnur Knackwürste aufgehängt, welche die Kinder dann mit dem Mund schnappen mußten. Aber auf einer Seite der Schnur hat jemand diese immer hochgehoben, so daß die Kinder meist ins Leere schnappten. Wenn einer überhaupt keine Knackwurst erschnappt hatte, so hat der zum Schluß auch noch eine bekommen, damit er nicht traurig war. Die Mütter hatten auch Kuchen mitgebracht. Es gab Kamillentee oder Pfefferminztee für die Erstkommunikanten. Ein besonderes Geschenk zur Erstkommunion gab es allerdings damals nicht.

Die anstrengende Firmung

Max Binders Firmung war für den zwölfjährigen jungen Bayerwaldler ein bleibendes Erlebnis. Er erinnert sich daran noch ganz deutlich.

„Also frühers war es ganz wichtig, daß man zur Firmung einen Firmdöd, also einen Firmpaten, hatte. Mein Vater hatte von Sommersberg den Sohn eines Bauern namens Pledl Max firmen lassen. Die beiden Väter kannten sich und meine Mutter schneiderte für Frau Pledl. Im Pledl-Anwesen stand ein großer Kirschbaum und einmal im Jahr durften wir dorthin zum Kirschenpflücken gehen. Das war etwas ganz Besonderes. Und da haben die Eltern dann ausgemacht, daß der Pledl-Vater meinen Firmdöd macht. Die Firmung war in Regen. Aber dorthin sind nur die ganz Großen und Reichen mit dem Fuhrwerk gefahren worden. Die meisten sind gelaufen. Meine Firmung lief nun so ab:

Am Tag vor der Firmung bin ich allein und zu Fuß von Kirchberg nach Sommersberg zu meinem Firmdöd gelaufen. Ich bin am Abend hingekommen und dann gab es noch einen Kaffee mit Eingebrocktem. Frau Pledl hatte auch ein Firmkind, ein Mädchen aus Oberasberg. Die war auch zu Fuß gekommen. Nach dem Abendkaffee mußte ich gleich ins Bett. Ich schlief auf dem Fletzboden mit dem Knecht zusammen in einem Bett. Der Fletzboden war der nicht abgetrennte Teil des Dachgeschoßes. Das Mädchen aus Oberasberg schlief bei der Magd in deren Kammer auch in einem Bett. In aller Frühe hat man mich geweckt, denn um 5 Uhr mußten wir schon weggehen. Es gab früh wieder einen Kaffee und Eingebrocktes.

Bauer und Bäuerin und wir Firmkinder sind also dann losmarschiert, über Stadlmühle und Weißenstein sind wir nach Regen. Als wir über die Regenbrücke liefen, hat es gerade geläutet. Es war also Viertel vor acht Uhr.

Wir sind dann noch den steilen Kirchenberg hinauf und in die Kirche, die bis auf den letzten Platz gefüllt war. Nun fand zuerst ein levitiertes Amt statt, das der damalige Passauer Bischof zelebrierte. Danach wurden zuerst die Knaben gefirmt. Die Mädchen konnten mit ihren Patinnen einstweilen weggehen. Die meisten sind zum Lebzelter Huber gegangen

Als Max Binder gefirmt wurde, gab es noch zahlreiche Holzhäuser in der Gemeinde Kirchberg, wie hier das Hüterhaus in Unterneumais. Es stand unterhalb der Dorfkapelle und wurde nach dem letzten Krieg abgebrochen. Letzter Dorfhüter war Alois Kufner.

und haben dort einen Tee getrunken. Als alle Buben gefirmt waren, durften auch die Mädchen wieder in die Kirche. Wir Buben nahmen mit den Firmpaten in den hinteren Teil der Kirche Platz. Die Firmung durch Bischof Sigismund Felix von Ow-Fellberg hat mich schon beeindruckt, doch es war viel Unruhe in der Kirche und man wurde ständig hin- und hergeschoben. Endlich war die Firmung aus und wir gingen alle vier zum Mittagessen. Die Pledls gingen wie die meisten aus der Pfarrei Kirchberg in den Wieshof zum Essen. Das war wieder fast eine halbe Stunde Fußweg.

Es gab keine Suppe, aber einen sehr fetten Schweinebraten mit Knödel und Salat. Zu Trinken bekam ich überhaupt nichts. Am liebsten war mir der Knödel mit der Soße. Auch vom Salat habe ich ein paar Blatteln gegessen, denn bei uns zu Hause gab es den ersten Salat erst zum Kranzltag, also zu Fronleichnam. Vom fetten Schweinernen habe ich nur ein kleines Stückerl gegessen. Mir ist beinahe sauschlecht geworden.

Kaum hatten wir gegessen, mußten wir schon wieder zur Kirche aufbrechen, denn dort war noch Firmandacht. Danach sind wir heraus. Vor der Kirche war ein Stand aufgebaut, da gab es Rosenkränze und Bilder von Bischof Sigismund Felix zu kaufen und andere Devotionalien. Dann sind wir alle zum Lebzelter Huber gegangen. Da bekam ich einen Met und von Frau Pledl selbstgebackene Zelteln. Das war die Kaffeepause. Damals war es noch nicht üblich, daß der Firmpate eine Uhr schenkt. Ich bekam einen Geldbeutel, einen schmalen, langen, in dem war ein Fünfzigmarkschein. Aber es war das Jahr 1923 und Inflation. Ich habe mir das Geld gar nicht auszugeben getraut und einige Zeit später war es schon wertlos. Wir sind noch in ein Hutgeschäft gegangen und ich habe einen richtigem Hut bekommen, den ersten in meinem Leben. Den habe ich gleich aufbehalten und dann sind wir wieder heimgegangen.

In Sommersberg angekommen gab es nochmals einen Kaffee und Plätzerl und Frau Pledl gab mir sogar noch eine Rogl voller Plätzerln mit für zu Hause. Kaum war ich aus dem Dorf heraußen, mußte ich mich erst einmal hinlegen. Seit vier Uhr morgens war ich unterwegs, es war ein heißer Tag und ich hatte stundenlangen Durst gehabt und dann der weite Weg. Nach einiger Zeit bin ich halt doch weiter, habe mich wieder hingelegt, weil ich so kaputt war, und kam endlich um acht Uhr auf d'Nacht nach Hause. Meine Mutter lief mir im Hausgang entgegen und rief. „Mei Gott, Bua, daß na da bist!" Ich bin in die Stube und habe mich aufs Kanapee gesetzt. Alle haben gefragt: Wie war's denn, wie is denn gwen? Doch ich konnte kein Wort mehr sagen, ich schlief sofort ein. Da haben sie mich ins Bett getragen, haben mich ausgezogen und ich bin dabei nicht mehr wach geworden. Ich war zu kaputt. Am nächsten Tag sagte meine Mutter. „Mei, Bua, du host ja überhaupts nix mehr vazähln kinna!" Meine Firmung werde ich nie vergessen! Wenn man heute sieht, was dabei los ist!"

Ministrantenleben

Ich war noch keine zehn Jahre alt, da wurde ich Ministrant. Damals gab es die Kapelle im Ort noch nicht, alle Gottesdienste fanden oben auf dem Berg in der Kirche statt. Wir gingen damals im Sommer alle barfuß, aber barfuß durfte man nicht ministrieren. Da haben wir uns so beholfen: Am Ortsrand wohnte eine ältere Frau, die machte Strohschuhe. Solche ließen wir uns bei ihr machen und sie hat die gelben und braunen Strohschuhe mit schwarzem Stoff überzogen. Nun waren sie schwarz und wir konnten sie zum Ministrieren anziehen. Nach der Messe kamen sie in einen Schubkasten in der Sakristei und wir sind wieder barfuß in die Schule gegangen.

Ministrieren mußten wir jeden Tag, entweder um 3/4 7 Uhr oder um 1/4 8 Uhr. um 3/4 8 Uhr war die Messe aus und dann mußten wir in die Schule. Wenn ich die Frühmesse hatte, mußte ich um 1/2 6 Uhr aufstehen. Kirchberg hatte damals zwei Geistliche, einen Pfarrer und einen Kooperator. Zu unseren Aufgaben als Ministranten gehörte auch noch das Läuten. Heute geht das elektrisch und automatisch. Damals mußten wir vor jeder Messe eine Viertelstunde vorher anläuten und dann zum Beginn zusammenläuten. Im Winter waren die Rorateämter meist noch eine Stunde früher.

Damals sind noch viel mehr Leute in die Kirche gegangen als heute. Beinahe alle älteren Frauen, wenn sie laufen konnten und auch viele Männer und die Schulkinder. Wenn während der Schulzeit eine Beerdigung oder eine Hochzeit war, dann mußten wir auch da in die Kirche zum Ministrieren. Nach einer Hochzeit haben wir Ministranten uns an die Kirchentüre gestellt und einen Teller aufgehalten. Da legten dann das Brautpaar und meist auch die Brauteltern und Trauzeugen etwas Geld ein, Ein- und Zweipfennigstücke. Das Geld wurde in der Sakristei gesammelt und von Zeit zu Zeit verteilt. In der Inflation haben wir dann oft sogar Tausender bekommen und der Pfarrer hat dann immer gesagt. Geht's nur gleich nunter ins Dorf und kaufts euch a Zöpfel, morgen kriagt's wahrscheinlich schon nichts mehr dafür."

Kirchturm und Chor der Pfarrkirche St. Gotthard in Kirchberg i. W. von Osten. Der Turm wurde einst als Wehrturm errichtet.

Schwierige Beerdigungen

Bei Beerdigungen war es so: Damals gab es in Kirchberg noch kein Leichenhaus. Die Toten wurden zu Hause aufgebahrt und am Tage der Beerdigung mit einem Fuhrwerk auf offenem Wagen zum Amthofplatz gefahren. Hatte der Tote im Dorf gewohnt, so nahm der Geistliche die Aussegnung am Haus des Verstorbenen vor, wenn dieser aus dem Haus herausgetragen wurde. Kam der Tote von auswärts, so war die Aussegnung entweder am Ortseingang oder erst am Amthofplatz. Hatten die Angehörigen eines Verstorbenen kein Gespann, so hat dies der Nachbar übernommen.

Auf dem Amthofplatz wurde dann gebetet und dann setzte sich der Leichenzug auf den Berg in Bewegung. Wir Ministranten, von denen einer das Kreuz trug, dann der Pfarrer. Der Sarg war von dem Fuhrwerk herunter genommen worden und wurde nun von sechs Männern auf der Schulter den steilen Weg zur Kirche auf der alten Straße hinaufgetragen. Das war Schwerarbeit, besonders im Winter oder wenn die Träger ungleich groß waren. Damit sie die Balance halten konnten, hatte jeder einen längeren Stock in der nach außen freien Hand. Dieser war unten zugespitzt und hatte oben ein kleines Taferl mit einem Heiligenbild. Auf dem holprigen Weg verlagerte sich das Gewicht des Sarges mit dem Toten ständig. Manchmal lag es nur auf Dreien, die sich trotz des Stocks kaum aufrecht halten konnten.

Ich habe als Bub selbst einmal einen Sarg mit hochgetragen. Unser Nachbarsbub, der Jakob Mader, wurde beim Heuen vom Blitz erschlagen. Er war gerade elf Jahre alt. Da haben wir Klassenkameraden ihn zum Friedhof hochgetragen. Da hat man geschwitzt, bis man droben war.

Bei den Totenämtern wurde auch noch Opfern gegangen. Da waren auf dem Speisgitter zwei Teller aufgestellt, da hat man einen oder zwei Pfennige hineingeworfen. Dann konnte man sich ein Sterbebild mitnehmen. Die Beerdigung war immer vor dem Amt.

Nach der Beerdigung sind wir Ministranten mit ins Wirtshaus gegangen. Aber wir bekamen dort nur ein Stückerl Brot und ein Kracherl. Da gab es Kracherlflaschen, die hatten im Flaschenhals einen Schusser, den mußte man hineindrücken, damit man trinken konnte. Am liebsten waren uns die Kracherl mit Orangen- und Himbeergeschmack. Für jeweils zwei Ministranten gab es eine Flasche.

Zum Leichentrunk nach dem Ersten Weltkrieg gab es nur Brot und Bier. Die Bauern haben einige Laibe Brot ins Wirtshaus gebracht, die wurden aufgeschnitten und auf die Tische verteilt. Damals gab es bei uns nur Maßkrüge. Der Wirt hat dann auf jeden der meist langen Tische zwei oder drei Maßkrüge gestellt. Da wurde reihum daraus getrunken und dazu Brot gegessen. Das Ganze dauerte etwa eine Dreiviertelstunde. Dann ist der Totengräber aufgestanden, hat für den Toten noch ein Vaterunser gebetet und hat sich für den Trunk bedankt. Dann sind wir alle heimgegangen.

Bei einer Hochzeit wurde vorher gefragt, ob die Ministranten mit ins Wirtshaus gehen dürfen. Das war aber selten, daß man uns mitgehen ließ.

Das Ministrieren war keine einfache Sache. Wir mußten damals noch alle Gebete lateinisch lernen. Das Staffelgebet, die ganzen Antworten auf die Gebete der Priester wie das „Confiteor Deo Omnipotenti, beatae Maria semper Virgini..." und wie es halt weitergeht. Das konnten sich manche nicht merken, wir hatten ja keinerlei lateinisch gelernt.

Einmal im Jahr wurden wir vom Pfarrer offiziell für den Ministrantendienst entlohnt, meist vor Weihnachten. Da gab es nach der Inflation zwanzig Mark für das ganze Jahr.

Bittgänge

„Besonders anstrengende Tage waren für uns Ministranten die Bittage. Der erste war schon im April, nämlich der St. Georgstag am 23. April. Da wurde nach Kirchdorf gegangen. voran wir Ministranten, dann der Kooperator und schließlich die Gläubigen. Auf dem Hin- und Rückweg wurde gebetet.

Schließlich kamen die eigentlichen drei Bittage vor Christi Himmelfahrt. Da ging der erste Bittgang nach Rinchnach, der zweite nach Bischofsmais und der dritte rings um Kirchberg herum nach Mitterbichl, Wolfau, Raindorf, Hangenleithen und Unterneumais. Der weiteste war immer der nach Bischofsmais.

Einen davon werde ich nie vergessen. Wir gingen immer um 6 Uhr am Morgen weg, denn bis nach St. Hermann brauchte man zweieinhalb Stunden. Dort war dann der Bittgottesdienst. Im Anschluß daran wurde dann wieder in Prozession in den Ort hereingezogen, wo dann in der Kirche nach einem Gebet und dem Segen bekanntgegeben wurde, wann und von wo der Rückweg beginnt. Meist war da eine Stunde Pause, in der die Teilnehmer in die Wirtshäuser gingen oder in den Geschäften einkauften.

Wir Ministranten haben uns also in der Sakristei ausgekleidet und sind von hinten direkt in den Friedhof gegangen, um von da in den Ort zu gehen, um uns auch etwas zu kaufen, vor allem zum Trinken, denn es war sehr warm und uns war es unter der Ministrantenkleidung doppelt warm geworden.

Unser Pfarrer war nach dem Segen sofort mit seinem Amtskollegen aus Bischofsmais, dem Pfarrer Josef Back, in den dortigen Pfarrhof. Als wir im Friedhof waren, sahen wir, daß da eine große Mauer herum und das Tor zugesperrt war. Wie kommen wir da wieder heraus? Wir haben überall gesucht, aber es gab keinen offenen Ausgang. Als wir am Pfarrhof vorbeischlichen, sah uns Pfarrer Back und rief uns zu: „Buam, was wollt's denn?" „Auf d'Seitn woll ma!" antwortete einer. Er meinte, wir wollen aus dem Friedhof heraus. Da hat der Pfarrer die Pfarrhoftüre aufgemacht und hat nach oben gedeutet. „Da oben könnts austretn!" Also sind wir hinaufgegangen, sind aber dort nur auf dem Gang stehen geblieben, denn wir mußten gar nicht. Wir haben uns aber nicht sagen getraut, daß wir uns nur eine Semmel oder einen Apfel kaufen wollten. Dann sind wir wieder hinunter und in den Friedhof gegangen. Endlich kam der Mesner und hat uns gezeigt, wie man aus dem Friedhof hinauskommt. Jeder hatte von uns 20 Pfennige mitbekommen. Da sind wir schnell gelaufen und haben uns eine Semmel gekauft, doch als wir hineinbeißen, hat es schon geläutet. Das hieß Aufstellen zum Rückmarsch. Wir haben die angebissene Semmel schnell in die Hosentasche gesteckt, haben uns in der Sakristei wieder unser Ministrantengewand angezogen und schon marschierte die ganze Prozession wieder los nach Hause. Ganz verstohlen haben wir dann immer ein Stück Semmel in der Hosentasche abgebrochen und es gegessen, weil wir solch einen Hunger hatten. Aber noch mehr hatten wir Durst. Seit unserem Abmarsch um

Eine Fußwallfahrergruppe aus der Gemeinde Kirchberg 1931 in Altötting auf dem Kapellenplatz. Das Kreuz hält Michael Weiß aus Höllmannsried, rechts daneben der Pilgerführer Georg Ertl aus Dösingerried. Zwischen diesen dahinter Xaver Eichinger aus Unterneumais.
Im Jahre 1997 brachen zum 100. Male Fußwallfahrer an Pfingsten nach Altötting auf. Die Kirchberger Fußwallfahrer haben sich sogar in einem eigenen Pilgerverein Kirchberg organisiert.

sechs Uhr früh hatten wir nichts mehr getrunken. Oft habe ich gedacht, das schaffst du nicht mehr, vor allem den Zellerhübel herauf. Selbstverständlich mußten wir die ganze Zeit noch laut beten. Das war eine Tortur. Nach zwei Uhr nachmittags sind wir dann endlich heimgekommen.

Übrigens: Der Pfarrer Josef Back von Bischofsmais war ein rechter Gradan, wie wir sagen. Als er einmal bei der Hirmenskirchweih nach dem Gottesdienst in der St. Laurentius-Kirche in Begleitung von zwei Ministranten das Allerheiligste wieder zurück in die Bischofsmaiser Pfarrkirche trug und sich zwischen den Buden und Standerln sich kaum jemand der vielen Jahrmarktbesucher darum kümmerte, rief er den Wallfahrern laut zu: „Kniat's eich nieda, ös Rammeln!" Was diese dann auch brav taten."

Bua, vergiß das Beten nicht!

„Meine Mutter war fast neun Jahre älter als mein Vater. Sie hatte Beschwerden mit den Augen. Als Näherin hat sie oft bis spät in die Nacht genäht und das bei der damaligen schlechten Beleuchtung.

Einmal war sie mit ihrem Bruder auf eine Hochzeit nach Hilgenreit eingeladen. Sie sind also drei Stunden dorthin gelaufen. Damals war es Brauch, daß das Brautpaar die Gäste an der Wirtshaustüre mit einem Schluck Bier begrüßte. Einen Krug hatte das Brautpaar, einen meine Mutter und ihr Bruder. Da haben sie sich halt zugeprostet. Aber meine Mutter war von dem langen Weg so erhitzt, daß ihr dieser eiskalte Trunk sehr schlecht bekommen ist. Sie erkrankte dann, mußte sich hinlegen und bekam Eisbeutelumschläge. Von diesem Tag an wurde sie immer kränker und immer mehr ließ ihre Sehkraft nach. Wir haben dann auf der Wiese „Augentrost" gesammelt, haben die Blüten aufgekocht und der Mutter Umschläge gemacht. Zwei Jahre war die Mutter krank, zuletzt bettlägerig. An jedem Donnerstag war bei den Klosterfrauen eine Messe für Kranke im Kloster. Da habe ich sie immer hingeführt, sie konnte kaum noch gehen. Ich war damals gerade dreizehn Jahre alt.

Ich mußte dann weitgehend den ganzen Haushalt mitmachen. Ab und zu kam eine Tante und half aus. So war es auch an einem Tag im Jahre 1924. Ich mußte abspülen, der Vater hatte mit der Raiffeisenkasse zu tun und die Tante war bei meiner Mutter oben. Da kam diese in die Küche herunter und sagte. „Geh nauf zu Deiner Muatta, ich glaub', die stirbt." Ich bin sofort die Treppe hochgerannt und habe dann gerade noch die letzten Züge miterlebt, die meine Mutter machte. Sie sah mich an, nahm mich bei der Hand und sagte mit schwacher Stimme: „Bua, vergiß das Beten nicht!" Dann legte sie den Kopf zur Seite und verstarb. Sie war gerade 54 Jahre alt geworden. Von da an haben mein Vater, meine neunjährige Schwester und ich den Haushalt allein geführt."

Die Burschenzeit

„Als es in der Raiffeisenkasse immer mehr Arbeit gab, hat mir mein Vater 1926 die Landwirtschaft ganz überlassen. Ich mußte alles machen, was auf einem so kleinen Hof anfällt: Füttern, Mähen, Melken, Säen und Ernten. Wenn eine Kuh gekalbt hat, hat der Vater schon mitgeholfen. Hat das Kalb aber nicht gleich getrunken, dann hat er sich geärgert, hat geschimpft und ist gegangen. Tierarzt gab es damals keinen am Ort. Wir hätten uns auch keinen leisten können. Wir hatten kein elektrisches Licht, kein fließendes Wasser, kein Telefon. Meine beiden älteren Brüder waren damals schon aus dem Haus. Mein ältester Bruder Josef hat in Kirchberg bei Alois Wenig Schreiner gelernt. Der ist nur zum Essen und Schlafen heimgekommen. Für die dreijährige Lehrzeit mußte mein Vater einhundert Mark an den Meister bezahlen, sonst hätte er ihn nicht genommen. Mein Bruder Jakob war weggezogen. Da der Bruder meiner Mutter keine Kinder hatte, nahm er meinen Bruder ganz zu sich auf den Hof in Unterneumais, den er später auch bekommen hat. Da gab es schon manches Problem zu lösen. Da meinte mein Vater, ich solle doch eine Landwirtschaftsschule besuchen. Das habe ich dann auch im Winter 1927/1928 gemacht. Ich besuchte die Viehhaltungs- und Melkerschule in Altenbach bei Landshut. Diese Schule habe ich sogar als „staatlich geprüfter Melker" abgeschlossen. Man hat dort viel über moderne Viehhaltung gelernt und erfuhr auch durch den Gedankenaustausch mit den anderen Kursteilnehmern allerhand."

Die Saatgutreinigungsanlage

Hatte man kein reines Saatgut, so sähte man oft gleich das Unkraut mit aus. Da ließ der Vater 1929 als Rechner der Raiffeisenkasse eine Saatgutreinigungsanlage probeweise aufstellen. Bedienen mußte diese

Inserat über die Saatgutreinigungsanlage „Pitkus" in der Regener Zeitung „Der Waldler" vom 1. März 1929.

ich. Das war mein erster regelmäßiger Nebenverdienst. Die Maschine fand solchen Anklang, daß die Raiffeisenkasse sie ankaufte und wir sie zuerst im Feuerhaus, dann in einem Stadel bei unserem Haus aufstellten. Das war mehr eine Saisonarbeit, aber man mußte da schon kalkulieren und einteilen, daß der Betrieb reibungslos lief.

Schlafzimmer selbst geschreinert

Als mein Bruder ausgelernt und noch einige Zeit als Geselle gearbeitet hatte, machte er sich bei uns auf dem Hof selbständig. Da brauchte er natürlich einen Helfer. Den habe ich dann gemacht und so haben wir etwa zwei Jahre gut zusammengearbeitet. Zu verdienen gab es dafür wenig oder nichts.

Ich konnte inzwischen schon selbst so gut schreinern, daß ich Stühle, Fenster und ähnliche Gegenstände allein machte. Da sagte eines Tages mein Bruder Josef zu mir: 'Du kannst Dir ein Schlafzimmer machen, das brauchst Du sicher einmal. Von mir kriegst Du Werkzeug und was Du außer Holz noch brauchst, das Holz haben wir selber im Wald und die Werkstatt kannst Du natürlich mitbenützen.' Da habe ich mich sofort darüber gemacht: Bäume gefällt und schneiden lassen, die Bretter getrocknet. Schließlich habe ich ein komplettes Schlafzimmer geschreinert mit einer Doppelbettstatt, Schrank, Kommode mit Spiegelaufsatz und Nachtkasteln. Das alles habe ich weiß angestrichen. Dieses Schlafzimmer habe ich heute noch. Die Betten sind zwar zusammengeklappt auf dem Dachboden, aber Kommode und Schrank sind noch aufgestellt.

Während Max Binders Burschenzeit sah die heutige Schönberger Straße in Kirchberg noch so aus: Unbefestigte Straße, kein Bürgersteig, Häuser, Städel und Misthaufen wechselten sich ab.

Katholischer Burschenverein „Immergrün"

Nach der Feiertagsschule konnten die jungen Burschen Mitglied im „Katholischen Burschenverein „Immergrün" Kirchberg" werden. Allerdings durften nur Ledige diesem Verein beitreten, wenn einer heiratete, so trat er automatisch aus. Die Mitglieder des Vereins trafen sich monatlich einmal zu einer Versammlung oder Zusammenkunft. Diese fand immer in der großen Bauernstube des Pfarrhofes statt. Meist hat der jeweilige Kooperator einen Vortrag gehalten, der durchaus nicht immer kirchliche Themen betraf. Es gab auch ein Tischkegelspiel, das gerne gespielt wurde. Im Sommer machte man bei schönem Wetter auch Ausflüge oder eine Radpartie. Doch die gingen meist nicht zu weit, da man erst nach der Nachmittagsandacht losgehen konnte und zum Füttern am Abend wieder zu Hause sein mußte. Da ist man halt in ein Gasthaus gegangen, hat ein Glas Bier oder eine Limo getrunken und dann ging's wieder heim.

Der Burschenverein veranstaltete zwei Jahresfeste, das erste an Christi Himmelfahrt, das zweite an Maria Geburt, das war der 8. September. Früher war das ein Feiertag. Advents- oder Weihnachtsfeiern gab es früher nicht. Aber es gab etwas anderes, was dem jungen Max Binder viel Spaß machte: das Theaterspielen.

„Zweimal im Jahr haben wir Theater gespielt, und zwar immer im Danzersaal. Der war immer voll. Es gab eine Nachmittags- und eine Abendvorstellung. Für die Erwachsenen waren in den vorderen Reihen Stühle aufgestellt, da kostete der Platz 70 Pfennige, auf den hinteren unnumerierten Bankplätzen 50 Pfennige. Kinder mußten nachmittags auf allen Plätzen 40 Pfennige bezahlen.

Die Bühne haben wir im Burschenverein selbst gebaut. Die Kulissen baute mein Bruder mit noch zwei Mitgliedern, die ebenfalls Schreiner waren. Den Hintergrund haben wir von einem Maler aus Schwaben malen lassen. Das war meist eine Alpenlandschaft oder ein Waldmotiv mit einer Hütte oder einem Bauernhof. Da haben wir Volksstücke gespielt, meist aus Oberbayern, weil es solche aus dem Bayerischen Wald nicht gab. Die Stücke hießen „Der Gankerl aus Berchtesgaden" oder „Das Lie-

Der katholische Burschenverein „Immergrün" Kirchberg spielte auch mit großem Erfolg Theater. Das Theaterensemble nach einer Vorstellung: Vorn in der Mitte Max Binder als Förster, neben ihm rechts Erna Sailer als seine „Braut".

serl vom Schliersee". Wir haben uns auch entsprechend zusammengerichtet, als Holzknechte, Jäger, Wilderer oder Gendarm. Ich habe im Laufe der Zeit alle möglichen Rollen gespielt. Bei einer der ersten spielte ich einen Hütbuben, der sich recht begriffsstutzig anstellte. Ich mußte immer, wenn zu mir etwas gesagt wurde, antworten: Woos? Wer? Haa? Wia? Da haben die Leute riesig gelacht. Später spielte ich auch flotte Förster und verliebte Wilderer, was halt gerade auf dem Programm stand.

Die Frauenrollen wurden mit gleichaltrigen jungen Damen aus dem Dorf besetzt. Die Sailer Erna vom Kaufhaus Sailer oder die Neumeier Liesl, die auch aus einem Geschäftshaus kam. Das waren aber für uns „dö Groaßen, wir Häuslerbuam war'n d Kloana". Für die Mädchen war das eine große Ehre, wenn sie mit Theaterspielen durften. Da gab es meist mehr Interessentinnen als Mädchenrollen. In den Theaterstücken wurde oft auch gesungen, kurze Lieder oder Gstanzeln. Da hatten wieder die mit schöner Stimme den Vorzug. An den Theatertagen spielte auch eine meist fünfköpfige Musikgruppe der Kirchberger Musikkapelle, Posaune, Trompete, Zither. Die machten die passende Musik dazu.

Damals gab es noch keinen Frisör in Kirchberg. Die Haare hat uns lange Zeit ein Maler geschnitten, der Sterl Ludwig. Eigentlich hat uns die Haare, bis wir in die Schule kamen, die Mutter geschnitten, einfach mit der Schere. Der Sterl hat im übrigen allen Leuten die Haare geschnitten. Doch ist man früher nur zum Haarschneiden gegangen. wenn es hieß: Jetzt ist aber höchste Zeit, daß dir wieder die Haar schneiden läßt. Der erste Frisör in Kirchberg kam aus Regen und hieß Vorhauser. Das war vor dem Zweiten Weltkrieg. Der hat hier die Maria Mühlbauer geheiratet. Das Geschäft besteht heute noch.

Die Theaterstücke hat uns ein Lehrer Senninger eingeübt. Der hatte dazu ein besonderes Geschick. Er war aber nicht nur sozusagen unser Regisseur, sondern er hat uns auch immer geschminkt und hat die passenden Kostüme herausgesucht. In Kirchberg war damals ein Kooperator Eduard Fruth, ein Vetter von mir. Der hat auch mit Theater gespielt.

Mit unseren Theaterstücken sind wir auch richtig auf Tournee gegangen. So haben wir die Stücke auch im Hofmann-Saal in Rinchnach und im Kaufmann-Saal in Kirchdorf gespielt. In beiden Sälen gab es Bühnen mit meist passendem Hintergrund. Wenn der aber nicht zu unserem Stück paßte, so haben wir unsere Kulissen mitgenommen. Zu den Vorstellungen sind wir natürlich nach Rinchnach und Kirchdorf gelaufen, und zwar hin und zurück. Allerdings haben wir selten im Frühjahr auswärts gespielt, da gab es in der Landwirtschaft zu viel Arbeit, aber im November, da hatten wir mehr Zeit und da war auch allgemein mehr Zeit zum Proben und dem Auswendiglernen der Rollen.

Mit dem Theaterspielen haben wir immer unsere Vereinskasse aufgebessert, was mich besonders interessierte, da ich lange Zeit Schriftführer und Kassier des Burschenvereins war.

Mit dem Fahrrad zum Arber

Dem Burschenverein verdanke ich auch meine erste Arberbesteigung. Das war 1928. Ich hatte mir für 50 Reichsmark ein gebrauchtes Fahrrad gekauft von einem Onkel. Mit fünf anderen Burschen, die auch im Burschenverein waren, haben wir dann eine Tour zum Großen Arber gemacht. Zuerst sind wir in aller Früh mit dem Fahrrad über Zwiesel zum Arberseehaus gefahren. Damals gab es noch keine Asphaltstraßen, von Regenhütte bis zum Arberseehaus lagen große Schottersteine auf der Fahrbahn. Im Seehaus haben wir dann in einem Schupfen unsere Räder eingestellt und sind um den See herum und dann hinten über die Seewand zum Gipfel hinaufgestiegen. Wir haben uns vom Gipfel aus die Aussicht angesehen, sind oben zu den verschiedenen Aussichtspunkten gegangen und haben dann in dem damals bescheidenen Schutzhaus ein Wasser getrunken.

Dann sind wir wieder hinunter und haben im Arberseehaus eine kleine Brotzeit gemacht und sind dann wieder heimgeradelt. Am Abend sind wir heimgekommen. So etwas wäre heute ja unvorstellbar, wie es uns damals unvorstellbar war, daß man auf diesen Berg einmal bequem im Sessel hinauffahren kann. An so etwas haben wir überhaupt nicht gedacht. An diesem Sonntag waren immerhin schon etwa vierzig Wanderer auf dem Arber, die kamen aus allen Richtungen und die meisten waren mit dem Fahrrad hergefahren."

Schützenverein – Schützenball

„In Kirchberg gab es seit langem einen Schützenverein. Einmal in der Woche war Schießabend. Da wurde mit dem Zimmerstutzen auf Scheiben geschossen. Jeder Schütze mußte für jeden Schuß etvas in die Kasse bezahlen. Da waren meistens nur die etwas Bessergestellten Mitglieder. Mein Vater hat da nie mitgeschossen. Einmal im Jahr veranstaltete der Schützenverein einen Schützenball, natürlich in der Faschingszeit. Das war der Ball des Jahres mit allem Drum und Dran. Da wurde auch zum ersten Male Francaise getanzt, die sonst auf dem Land unbekannt war. Da kamen auch zahlreiche Gäste von auswärts nach Kirchberg.

Anfangs der dreißiger Jahre war die Lage sehr schlecht. Es war auch wenig Geld in der Vereinskasse und da beschloß der Vereinsvorstand, daß er in diesem Jahr keinen großen Schützenball im Danzer-Saal veranstalte, sondern nur ein Schützen-Kranzel unten in der Gaststube. Zu dem Kränzchen waren etwa siebzig Leute erschienen. Von uns war da niemand dort.

Wir hatten damals Besuch von einer Verwandten, die meist im Winter bei uns wohnte. Die konnte schneidern und hat halt bei der Hausarbeit etwas mit angepackt. Da kamen von der Danzer-Verwandtschaft oft am Abend einige zu uns. Unser Besuch, die Rosa, hat Zither gespielt, und dann haben wir gesungen, haben auch „Ruaßkatzen-fangen" gespielt. Da mußt einer mit verbundenen Augen die anderen fangen.

Wir sitzen also abends beisammen. Da kommt die Danzer Emmi und sagt zu mir: „Du, die Nanni-Bas schickt mich. Du muaßt Maschkera geh. Bei dem Schützenkranzl is nix lous. Nix rührt si, es is grund langweili!" „Na, ich kann nöt Maschkera geh"! sagte ich. Da sagte die Mader Kathl, die auch da war. „Ich mog scho Maschkera geh!" „Ja, wos legst denn da on?" war die nächste Frage. Da sagte unser Besuch, das war eine Schwester vom Pfarrer Fruth, „Ich hätt scho a Gwand, daß da paßt!" Also wurde beschlossen, daß die Mader Kathl einen Mann macht und ich eine Frau. Da sind wir noch in die Danzer-Villa und haben dort den Gocks vom alten Danzer und sonst ein paar passende Kleidungstücke geholt und dann haben wir uns maskiert.

Die Mader Kathl hat vom alten Danzer einen Anzug angezogen, dazu einen Überzieher und obendrauf den Gocks. Ich habe dann ein Kleid von meiner Bekannten angezogen, auf den Kopf einen großen Blumenhut und als Schuhe haben wir schwarze Gummi-Überschuhe genommen, wie man sie damals über die Normalschuhe bei schlechtem Wetter trug. Natürlich haben wir Masken aufgesetzt. Mich hatten sie natürlich ausgestopft, wo es mir an den nötigen weiblichen Rundungen gefehlt hat. Die Nanni-Bas ist vor Freude herumgesprungen und hat immer nur gerufen: „Dö san schee, dö san schee!"

Dann sind wir also zum Amthof hinauf und von hinten in die Küche geschlichen. Zuerst haben wir einmal aus der Küche in die Gaststube geschaut. Drin war es still. Dann sind wir Arm in Arm hineingegangen und sind zwischen den Tischen hin und hergelaufen. Nun herrschte geradezu Totenstille. Wer sind die jetzt? Einer fragte schließlich: „Ja, wer han denn dö?" Niemand sagte etwas drauf. Wir spazierten weiter zwischen den Tischen in der Gaststube herum, da sagte der Oswald Schuster vom Schuhgeschäft gegenüber: „Dös is a Fremder, dö Schuah kenn i nöt!"

Schließlich begann die Musik wieder zu spielen. Dann ist der Neumaier, der war Schützenmeister, aufgestanden und hat mich zum Tanzen geholt. Ich war als Frau verkleidet. Den Mann haben sie hinten stehen lassen. Nun wollte der Schützenmeister also mit mir tanzen, aber ich kann nicht tanzen, auch heute noch nicht. Da sagte er zu mir: „Geh, stell di halt nöt so gstarrat!" Dann bin ich halt um ihn herumgehupft und er war ganz begeistert: „Gell, du kannst's das, wannst mogst!" Nun gab es ein Riesenhallo. Immer wieder fragten die Kranzelteilnehmer: Wer kannt denn dös sei? Aber unsere Verkleidung war perfekt. Wir hatten beide weiße Handschuhe an und volle Gesichtslarven, so daß man von uns nichts sah. Mit dem ums Kinn festgebundenen Blumenhut war ich fast zwei Meter groß. Eine so große Frau kannten sie in Kirchberg nicht. Der Neumaier hat mich dann schon fester gepackt, doch alles Herumdrücken an mir half nichts. Er wußte nicht, wer ich war. Da haben wir noch etwas Gaudi gemacht, ich hab mein Körberl, das ich über den Arm trug, den Leuten vors Gesicht gehalten und die Mader Kathl hat getan, als wolle sie den Gocks ziehen. Dann sind wir halt wieder hinausgeschlichen. Kein Mensch hatte uns erkannt.

Eines war uns klar, als wir wieder auf dem Amthofplatz standen: Heimgehen durften wir jetzt nicht. Die haben uns ja nachgeschaut, weil sie wissen wollten, wer denn die Zwei waren. Da sind wir so, wie wir waren, eine ganze Stunde im Dorf herummarschiert. Erst als es ganz finster war, haben wir uns getrennt und jeder ist heimgegangen.

Bei dem Schützenkranzel ist es dann plötzlich sehr lustig geworden. Man hat getanzt, gelacht und gezecht. Eine ganze Woche lang war unser Auftritt Tagesgespräch im Dorf, zumal sonst ja auch wenig passierte. Immer wieder wurde gefragt: Wer waren denn die Maschkera? An einem Gesellschaftstag hat dann die Nanni-Bas, eine Verwandte des Danzer, die das ganze angeregt hatte, etwas mehr gesagt als nötig. „Habts ihr denn nöt g'seng, daß die Frau an Huat vo mir aufghabt hot?" Da ist ihnen langsam ein Licht aufgegangen und als ich einmal zum Neumaier komm um Benzin für unsere Saatgutreinigungsanlage zu holen, da lachte er und meinte: „Du Schlüffel, dös is doch niemand ausganga, daß du so Maschkera geh konnst. Doch grod schö is gwen. dös ganze Kranzel war nix gwesen, wennst ihr nöt kemma warts."

Das waren halt die bescheidenen Freuden in einem Dorf im Bayerischen Wald, über die damals tagelang gesprochen und gelacht wurde. Heute würde das niemanden mehr erregen."

Der Darlehenskassenverein Kirchberg

Der Handel und die Geldgeschäfte der gewöhnlichen Leute auf dem Lande wurden vor der Jahrhundertwende meist in bar abgewickelt und per Handschlag. Auf die Dauer ließ sich das nicht durchhalten. Friedrich Wilhelm Raiffeisen (1818-1888) aus dem Westerwald gründete zwischen 1847 und 1854 die ersten Verbrauchergenossenschaften und 1862 den ersten Darlehenskassenverein. Das war damals revolutionär. Zu den Grundsätzen dieser Darlehenskassen gehörte, daß sie sich auf ein Dorf oder eine Pfarrei beschränkten, ehrenamtlich geleitet wurden, nur niedrige Geschäftsanteile ausgaben, dafür aber auch keinen Gewinn ausschütteten, Reservefonds bildeten und damals schon weitgehende Haftung übernahmen.

Dieser Gedanke einer Genossenschaft, die für die Genossen haftet, fand bald landesweite Befürworter. Vielfach waren es Geistliche, welche sich um die Gründung solcher Spar- und Darlehenskassen annahmen. So war es auch in Kirchberg im Wald. Dort gründete der Pfarrer Joseph Weiß in den 90er Jahren eine Raiffeisen Spar- und Darlehenskasse. Pfarrer Weiß war von 1893 bis 1904 in Kirchberg und ging dann, offensichtlich wegen Krankheit, auf eine Benefiziatenstelle nach Jägerwirth bei Passau, wo er bereits 1905 verstarb. Vater Johann Binder hat seinem Sohn Max oft erzählt, daß eine Zeitlang dann die Darlehenskasse brach lag, bis sich jemand gefunden hatte, der sie wieder weiterführte. Dazu kam Pfarrer Joseph Weiß extra nochmals nach Kirchberg, um den Mann einzuweisen. Als der Erste Weltkrieg kam, gab es das gleiche Problem. Wieder stand die Raiffeisenkasse ohne Geschäftsführer da. Und dann begann 1914 die Verbindung der Familie Binder zum Spar- und Darlehensgeschäft, und zwar zunächst im Kleinen und mehr auf Drängen denn auf eigenen Wunsch. Max Binder erinnert sich:

„Mein Vater war ein aktiver Mann. Er hatte sich in Kirchberg unser heutiges Haus gekauft. Das war früher Haus-Nr. 7, jetzt ist die Adresse Schönberger Straße 3. Mein Vater war recht unternehmenslustig und schon in der Schule gescheit und fleißig. Als nun die Spar- und Darlehenskasse Kirchberg zu Kriegsbeginn ein Dreivierteljahr geschlossen war, hat man meinen Vater bestürmt, er möge doch die Kasse übernehmen. Mein Vater hatte schlechte Augen, auf einem Auge war er beinahe blind und wurde deshalb nicht eingezogen. So ließ er sich schließlich breitschlagen und übernahm die Kasse.

Damals sah unser Haus noch ganz anders aus. Es hatte in der Mitte eine Durchfahrt. Gleich vom Eingangstor rechts war der Kassenraum. Dort stand ein alter Geldschrank, ein Tisch und drei Stühle und ein Schrank, das war alles. Da ist dann ein Revisor von der Genossenschaftszentrale aus Regensburg gekommen und hat meinen Vater angelernt, wie er Buchführen muß und was es halt sonst noch zu tun gab.

Ich weiß noch genau, daß nur zwei ein laufendes Konto hatten, alle anderen haben nur Geld aufs Sparkonto einbezahlt oder ein Darlehen abbezahlt. Die Girokonten hatten der Alois Pfeffer aus Stadlhof, der war Vieh- und Holzhändler, und der Sepp Schneider aus Mitterbichl, der war Viehhändler. In der Inflation ist der Pfeffer Lois immer mit einem Roß und einem Zwieradler unterwegs gewesen. Unter seinem Sitz hatte er ein viereckiges kleines Holzkastel und da hatte er das Geld drin. Wenn er in Osterhofen oder Hengersberg sein Vieh verkauft hatte, dann kam er spät abends bei uns vorbei und stellte das Holzkastel auf den Tisch und sagte: „So lang, bis ihr das gezählt habt, kon i nöt wart'n. Zählts ös und tragts ös ei!" Da mußten wir Buben dann dem Vater helfen. Da hatten wir verschiedene Schachteln, in die eine kamen die Tausender, dann die Zehntausender, Hunderttausender und später auch die Fünfhunderttausender. Das haben wir dann zusammengezählt: 24 Fünftausender, 27 Hunderttausender, sechs Fünfhunderttausender und so fort. Der Vater hat das Geld dann gebündelt und in einer Schachtel in den Schrank gelegt.

Vater Johann Binder (1879 – 1954). Das Foto stammt aus der Zeit, als dieser den Darlehenskassenverein Kirchberg leitete.

Zuvor hat er aber noch ins Einnahmebuch eingetragen: Am soundsovielten von Alois Pfeffer einbezahlt: 36 580 000 Mark beispielsweise.

Schließlich war die Inflation vorbei. Durch ein Gesetz vom Oktober 1923 wurde die Rentenmark geschaffen. Jetzt galt: Eine Billion Mark sind gleich eine Rentenmark. Da gab es für den Vater viel Arbeit. Die Sparguthaben wurden damals 1 zu 10 abgewertet. Wer also eine Mark gutes Geld eingelegt hatte, bekam nur noch zehn Pfennige gutgeschrieben.

Für die gesamte Bevölkerung kam jetzt eine sehr schwere Zeit. Niemand hatte Geld. Das größte Unglück war, wenn jemandem eine Kuh eingegangen war oder notgeschlachtet werden mußte. Die meisten haben nur eine oder zwei Kühe gehabt. Die brauchten sofort wieder eine, schon wegen der vielen Kinder. Da war das größte Problem: Wia kriagn ma sofort a Kuah? Da kamen sie meist am Sonntag nach der Kirche zu meinem Vater und fragten: „Mei, Hans, mir brauch ma a Kuah. A Kuah muiß ma hom. I brauchat holt a Göid." Wenn dann der Vater fragte, wieviel er denn brauche, dann war die Antwort meist: „I hob scho gschaut. Dö Kuah, die i möcht, kost 250 Mark. Das Heu werd' mir a zu weng, ich brauchat halt 300 Mark!"

Dann fragte der Vater, wer ihm denn gut stehe und dann hat der Vater ein Formular ausgefüllt und hat den Darlehensvertrag aufgesetzt. Darlehen über 300 Mark an den und den, Bürgen sind: Dann kamen die Namen und Anschriften der Bürgen, und zu welchen Teilen sie die Bürgschaft übernahmen.

Der Vater sagte dann: „Kimmst umara drei vorbei. Der Ausschuß hot umara oins Sitzung, dann kannst dös Göid mitnehma!" Ich bekam dann den Auftrag, die Sitzung des Raiffeisenkassenvorstands einzusagen. Das waren vier Männer: Ebner Josef, Kroiß Alois, der Köstlmeier Toni mit dem Hausnamen „Bumsen-Toni" und der Eichinger, der den Hausnamen „Hannischmied" hatte. Da bin ich dann losgesaust, denn die haben alle vor zwölf Uhr wissen müssen, daß eine Sitzung ist. Die sind dann gekommen, das Anliegen wurde besprochen, Protokoll geschrieben und dann der Schuldschein ausgestellt. Dann kamen die Leute, die das Geld wollten, meist ein Ehepaar, mit den beiden Bürgen. Alle vier mußten unterschreiben und dann wurde das Geld hingezählt. Damals entsprachen 300 Mark dem heutigen Wert von gut 3 000 Mark.

Der Geschäftsverkehr wurde mit der Raiffeisenzentralkasse in Regensburg abgewickelt. Wenn der Vater Geld brauchte, hat er eine vorgedruckte Karte dorthin geschickt, wenn er zuviel hatte, dann wurde der entbehrliche Betrag mit der Post nach Regensburg abgeliefert. Bei Geldanforderungen mußte ich mit der Karte zu den anderen Vorstandsmitgliedern gehen und diese unterschreiben lassen. Dieses Geld kam dann auch mit der Post in einem Wertbrief. Der war versiegelt mit roten Wachssiegeln und durfte nur unter Zeugen geöffnet werden und das Geld mußte sofort nachgezählt werden.

Zum Ferkelmarkt nach Deggendorf

Der Vater ist auch nach auswärts auf Märkte gefahren oder hat sich nach Saatgut und Düngemitteln umgesehen. Für uns ging er auch immer auf den Ferkelmarkt nach Deggendorf, wo er stets zwei Ferkel kaufte. Ein Schwein haben wir an Weihnachten selbst geschlachtet, eines wurde verkauft.

1924, ich war damals dreizehn Jahre alt, nahm mich der Vater zum ersten Mal zum Deggendorfer Ferkelmarkt mit. Dazu mußte der Vater erst in der Schule fragen, ob ich einen Tag vom Unterricht wegbleiben darf. Das war im zeitigen Frühjahr. Um zwei Uhr in der Früh sind wir losgegangen, fünf Stunden über Reichertsried und die Rusel nach Deggendorf. In der Pfleggasse war immer der Saumarkt. Der Vater hat zuerst ge-

Jahrmärkte fanden auch in Kirchberg statt, doch sie hatten keine große Bedeutung. Das Foto aus den 60er Jahren wurde bei einem Jahrmarkt auf dem Amthofplatz gemacht. Das Sailer-Haus im Hintergrund steht nicht mehr.

schaut, wer die passendsten und billigsten Ferkel hat, dann haben wir zwei gekauft, mit Handschlag und Barzahlung. Jeder von uns hat dann eines der Ferkel in den Arm genommen und dann sind wir zum Englwirt. Dort war ein Hausl namens Weinberger aus Unternaglbach, den der Vater kannte. Der gab uns zwei Säcke, in denen wir die Ferkel verstauten. Dann haben wir Brotzeit gemacht. Ich bekam ein Lüngerl und ein Zöpfel. „So wos Guats hon no nia gessen g'hot!" Dann haben wir jeder einen Sack mit Ferkel genommen und sind die Rusel hinaufmarschiert. Bei der Hackermühle haben wir zum ersten Mal gerastet. Da kam der Rothkopf von Höllmannsried daher. Der fuhr jede Woche mit seinem Pferdewagen nach Deggendorf und hat dort eingekauft. Der meinte nur, wir sollten die Säcke hinten auflegen und wenn wir auf der Rusel droben sind, dann könnten wir uns auch noch aufsitzen. Ich hab schon bald nicht mehr gekonnt und da erschien mir der Rothkopf wie ein Schutzengel. In Höllmannsried gab er uns dann noch einen Schubkarren, auf dem wir die Ferkelsäcke auflegen konnten. Daheim brachten wir die beiden Ferkel zuerst einmal in die Stube und jedes bekam eine Schüssel warme Milch.

Ein anderes Mal bin ich mit dem Vater 1927 zum Deggendorfer Ferkelmarkt gefahren. Da sind wir aber nach Regen gelaufen und von dort mit der Bahn hin- und zurückgefahren. Für diese zusätzliche Ausgabe hatte der Vater schon einige Zeit gespart.

Das Warengeschäft wird eingeführt

Anfangs der 30er Jahre begann der Vater, auch das Warengeschäft einzuführen. Düngemittel und Saatgut wurden bestellt, landwirtschaftliche Maschinen von auswärts bezogen. 1929 hat die Raiffeisenkasse Kirchberg eine Saatgutreinigungsmaschine leihweise aufgestellt. Die wurde von den Leuten sehr gut angenommen und so wurde sie ein paar Jahre später gekauft. Doch wo stellen wir sie hin? Zunächst wurde sie im Feuerhaus eingestellt. Dann hat der Vater auf unserem Anwesen einen Schupfen gebaut und ich brauchte nicht mehr zum Getreideputzen bis ins alte Feuerhaus gehen. Da haben die Bauern angefragt: Wann darf ich denn zehn Säcke Roggen zum Putzen bringen? Die bekamen dann einen Termin und ich habe die Maschine dann bedient.

Von Jahr zu Jahr wurde es mehr Arbeit mit der Raiffeisenkasse und von Jahr zu Jahr nahm die Sehkraft bei meinem Vater ab. Dann kam noch dazu, daß die Raiffeisenkassen jetzt zusätzliche Bücher führen mußten, Wareneingangs- und Warenausgangsbuch, dazu neue Kassenvorschriften. Da sagte mein Vater zu mir: „Max, jetzt muß du schauen, daß du mir hilfst, am besten, du übernimmst das Kassengeschäft ganz." Bei der Zentralkasse war man damit einverstanden und dann hat man mich zu einem Buch- und Kassenführungskurs nach Plattling geschickt. Wir waren 23 Teilnehmer aus ganz Niederbayern. Der Kurs fand im Hotel Liebl statt, wo wir auch wohnten. Der dauerte einige Wochen und wir mußten den ganzen Tag Soll und Haben, Kontoführung und Kontogegenbuchung büffeln.

Inzwischen hatte der Vater noch das Warengeschäft ausgebaut, so daß er vor unserem Haus ein kleines Lagerhaus bauen konnte. Mit Pferden wurde vom Regener Bahnhof geholt, was die Bauern brauchten, und dann vom Lagerhaus weg verkauft.

Ich habe dann von 1936 bis 1939 die Raiffeisenkasse Kirchberg im Wald geführt, bis ich eingezogen wurde. Dann ist meine Schwester Maria auf die Rechnerschule gegangen und hat im Zweiten Weltkrieg die Kasse weitergeführt. Wir waren ja von Kindheit an mit den Kassengeschäften vertraut und hatten beide bereits eine beachtliche Erfahrung darin. Mein Vater, der 1954 im 75. Lebensjahr starb, konnte zudem meine Schwester anfangs noch mit Rat und Tat unterstützen."

Der Bayerwald braucht Kalk

Die Arbeit als Geschäftsführer der Raiffeisen Spar- und Darlehenskasse war ungemein vielfältig. Die Kasse in Kirchberg war für zwei Gemeinden zuständig. Ihr Einzugsgebiet war neben Kirchberg noch Raindorf, Zell, Kaltenbrunn und Schönbrunn. Wenn das Frühjahr kam, dann ist Max Binder von Dorf zu Dorf und von Haus zu Haus gegangen und hat die Bestellungen für die Frühjahrsaussaat angenommen. Damals gab es im Gegensatz zu heute im Mittleren Bayerischen Wald noch viel mehr Felderwirtschaft. Als Düngemittel brauchten die Bauern in diesem kalkarmen Gebiet hauptsächlich Kalk. Der kam von Regensburg Walhallastraße und wurde am Bahnhof Regen ausgeladen. Die Raiffeisenkasse hatte in den 30er Jahren schon einen Lastkraftwagen. Jeder Waggon hatte rund 350 Zentner, die wurden dann auf die Dörfer je nach Bestellung verteilt. Dann gab es eine Sonder-Kalkaktion. Die verlief so: „Wir bekamen einmal an einem Tag 700 Zentner Kalk in zwei Waggons. Das Wegfahren mit dem Lastkraftwagen und einem Anhänger hatte der Fuhrunternehmer Emil Augustin übernommen. Der Lkw war ein Drei-Tonner. Auf den hätten wir nur 60 Zentner aufladen dürfen. Wir haben aber immer 70 Zentner auf den Lkw und 30 auf den Anhänger geladen, so daß wir die beiden Waggons mit zehn Fahrten weggebracht haben. Den Kalk mußten wir auf einem miserablen Weg nach Burggrafenried bringen, von wo er dann auf das Bezirksamt verteilt wurde. Wir, der Fahrer und ich, haben je Zentnersack zehn Pfennige bekommen, das waren insgesamt also 70 Mark, und das bei dieser vielen Arbeit und den Ausgaben für den Treibstoff.

In Kirchberg haben wir im Lagerhaus auch Mehl, Salz, Viehsalz und andere Artikel pfundweise verkauft. Da standen dann die Käufer immer daneben und meinten: Tua no a weng drauf, no a bisserl! So schlecht brauchst nöt wiagn!

Da beanstandete der Prüfer einmal bei der jährlichen Revision, daß Liefergewicht und Verkaufsgewicht Unterschiede aufweisen. Da habe ich ihm gesagt, daß ja jeder etwas mehr möchte. Da kam gerade jemand und kaufte Weizenmehl. Da sagte ich ihm, er solle mitgehen und sich das anschauen. Als er sah, wie der Käufer immer noch etwas als „Zulage" verlangte, war er mit unserer Abrechnung einverstanden.

Was heute kaum noch jemand weiß: Wir durften in den 30er Jahren auch Roggen und Hafer aufkaufen. Aber das wurde alles über einen Getreidewirtschaftsverband abgewickelt. Und die Bauern hatten diesem gegenüber eine Ablieferungspflicht. Diese Ablieferungspflicht begann schon nach dem Ersten Weltkrieg und wurde in der Nazizeit sogar noch verstärkt. Bei Nichteinhaltung gab es auch Strafen."

Siebzehn Jahre Mesner

1931 war der Mesnerposten in Kirchberg einige Zeit verwaist. Da fragte man schließlich den damals Zwanzigjährigen, ob er nicht den Mesner machen wolle. Max Binder war der Geistlichkeit durch das Ministrieren früher und durch den Burschenverein bekannt und so sagte er nach einigem Überlegen zu. Max Binder erzählt:

„Damals hatten die jungen Leute kaum feste Arbeit, es sei denn, sie konnten auf dem Hof mitarbeiten. Da hat man jede Möglichkeit ergriffen, wo man etwas Geld verdienen konnte. Schon als Bub hatte ich kleine Nebengeschäfte. Wenn auf der Post ein Telegramm kam und der Postbote schon weg war, dann ist der Postexpeditor Käufele zu uns gekommen und hat gefragt: „Kannt der Bua nach der Schul' nöt a Telegramm nach Schleeberg bringa?" Für jedes ausgetragene Telegramm erhielt ich ein Zehnerl. Zehn Zehnerl waren halt auch eine Mark. Dann hatte ich das Ministriergeld, im Jahr zwanzig Mark und hie und da gab es auch noch etwas Trinkgeld bei einer Taufe oder Hochzeit. So habe ich mir meine neuen Schuhe zur Erstkommunion schon von meinem eigenen gesparten Geld gekauft. Damals hat man die Schuhe noch beim Schuster machen lassen. Unser Nachbar war Schuster und der hat mir recht schöne gemacht zum Schnüren.

Also: Ich wurde 1931 Mesner. Man war oft den ganzen Tag eingespannt: Läuten, Messe, Hochzeiten oder Beerdigungen, Versehgänge, wieder Läuten. Mein normaler Tagesablauf war so: Fünf Uhr aufstehen. Im Stallgewand die Stallarbeit verrichten, füttern, melken, Stall richten. Dann schnell waschen und umziehen und hinauf zur Kirche auf den Berg. Um einhalb sieben Uhr mußte ich zur ersten Messe läuten. Dann habe ich alles für den Geistlichen, der die Messe hielt, und für die Ministranten hergerichtet, um dreiviertel sieben Uhr mußte ich zusammenläuten. Kaum war die erste Messe zu Ende, wurde schon zur zweiten um viertel acht Uhr geläutet und wenn diese vorbei war, dann wurde aufgeräumt, der Altar gerichtet, Kerzen gelöscht und was sonst zu tun war und dann bin ich heim und habe wieder auf unserem Anwesen gearbeitet.

Als Mesner mußte ich natürlich auch einen entsprechenden dunklen Anzug tragen. Und ein weißes Hemd mit Selbstbinder. Das hatte ich von einer Firma F. A. Sailer aus Dessau bestellt, Von dort hatte meine Mutter alles bezogen, was sie als Schneiderin brauchte, Stoffe, Zwirn, Nähseide, Knöpfe. Sie hat das immer genau ausgerechnet, was das Paket kostet, wenn es der Postbote bringt und erst, wenn sie dieses Geld beisammen hatte, schickte sie die Bestellkarte ab. Von dieser Dessauer Firma ließ ich mir einen Katalog kommen und habe mir dann ein Trikothemd bestellt mit einem Brusteinsatz. Den konnte man schnell auswechseln. Der hatte einen Gummikragen mit einem festen Selbstbinder daran. Diesen Brusteinsatz zog man über den Kopf, knöpfte ihn am Hemd fest, zog den Selbstbinder hoch und fertig war man.

Ich war Mesner von Kirchberg von 1931 bis eine Woche nach der Währungsreform mit Unterbrechung durch den Krieg. In dieser Zeit habe ich an Hunderten von Beerdigungen, Hochzeiten und Kindstaufen teilgenommen.

Versehgänge

Sehr anstrengend waren immer die Versehgänge, besonders im Winter und bei Nacht. Da mußte es meist auch schnell gehen und wir sind mitunter stundenweit gelaufen. Diese Gänge, bei denen Sterbenden die Letzte Ölung gebracht wurde, mußte immer der Kooperator machen. Der ging im Chorrock, ich in gewöhnlicher Kleidung.

Da erinnere ich mich an manches eigenartige Erlebnis. Einmal war ich mit Kooperator Isidor Feldmeier auf einem Versehgang in Zell. Es war dunkle Nacht und ich bin mit einer Laterne vorausgegangen. Da kamen wir in ein Haus, wo alles in einer Stube war: Menschen, Katze, Hund, Singerl und auch der Totkranke hinten im Bett. Während der Ster-

Parrer Isidor Feldmeier

bende noch beichtete, habe ich mit den Angehörigen im Fletz heraußen gebetet.

Natürlich war es in den niedrigen Waldlerstuben nicht immer blitzblank sauber. Man hat damals die Wäsche nur einmal zum Sonntag gewechselt. Das enge Zusammenleben mit den Tieren brachte auch andere Probleme mit sich. So war es auch diesmal. Auf dem Heimweg meinte der Kooperator zu mir: „Du bleib amal steh' und leucht daher. Ich glaub, ich hob a paar Flöh". Er schob seine Hose hoch und die Socken herunter und da sprangen gleich mehrere Flöhe weg und Isidor Feldmeier sagte erleichtert: „Sans scho weg, die Flöh".

Wenn die Leute mich nachts zu einem Versehgang holten, dann klopften sie meist beim Schlafzimmer des Vaters. Wir hatten keine Hausglocke. Dann ist der Vater aufgestanden, hat mich geweckt: „Steh auf, Du muaßt an Speisgang machen!" Den Leuten sagte er meist gleich vom Fenster herunter, sie sollten den Kooperator im Pfarrhof wecken und dann sind wir bald losgegangen.

Die Angehörigen haben oft auf uns gewartet und sind dann mit uns gegangen, bis nach Mitterbichl oder Hangenleithen. Stand es ganz schlecht um den Sterbenden, sind sie meist sofort wieder nach Hause. Nach Unterneumais wenn wir kamen, hat man tagsüber die Glocke der Kapelle geläutet. Das war die einzige Dorfkapelle rundherum, die eine Glocke hatte. Dann sind alle Leute aus den Häusern gekommen, ich habe dann auch mit einer kleinen Glocke geläutet und der Geistliche hat mit der Mensa den Segen gegeben.

Die Dorfkapelle von Unterneumais vor dem letzten Krieg. Wenn der Geistliche und der Mesner bei einem Versehgang durchs Dorf gingen, wurde die Glocke der Kapelle geläutet.

Oft hat so ein Versehgang mehrere Stunden gedauert und nicht selten kam ich heim und mußte sofort in den Stall. Einmal mußte ich den Kooperator zu einem besonders weiten Versehgang begleiten. Es war bitter kalt und als wir hinkamen, fror ich ganz erbärmlich. In der Stube, wo die Sterbende lag, hatte man aber so stark geheizt, daß die Herdplatte glühte. Als wir dann wieder ins Freie kamen, schwoll mir plötzlich das Gesicht stark an, ich wurde ganz rot und der Geistliche bekam schon Angst um mich. Doch als wir nach eineinhalb Stunden zurückkamen, war die

Gesichtsstarre und der aufgeschwollene Kopf schon wieder weitgehend normal geworden

Jeder kriagt die Frau, die er verdient!

Ich war damals noch Junggeselle. Ich habe nichts gehabt, daheim hatten wir auch nichts, da konnte man nicht ans Heiraten denken. 1931 war in Kirchberg eine Mission und während dieser Zeit machten die Kapuzinerpater die Krankenbesuche und Versehgänge. Da bin ich einmal mit einem Pater nach Dösingerried gegangen. Auf dem Heimweg fragte er mich, wie alt ich wäre und ob ich schon eine Freundin habe. „O mei, i kannt ja koine furtbringa!" antwortete ich ihm und schilderte ihm dann meine wirtschaftlichen Verhältnisse. „Für uns glangt es ja selber kaum, was will ich da ans Heiratn denka. Die Landwirtschaft gehört dem Vater und meine Schwester ist auch no dahoam." Dann blieb er stehen, schaute mich an und sagte: „Mei Bua, mirk dir dös: Koana kriagt die Frau, die er möcht! A jeder kriagt die Frau, die er verdient!" An diesen Ausspruch habe ich jahrelang gedacht und habe dann bei meinem vielen Dienst in der Kirche auch gebetet, daß ich einmal eine gute Frau kriege.

Natürlich war ich auch als Mesner bei jeder Taufe dabei. Da hatten wir einmal einen Kooperator, der war ein besonderer Verehrer der hl. Elisabeth. Diese wurde bekanntlich 1235 heilig gesprochen. In einem besonderen Jubiläumsjahr dieser Heiligen sagte der Kooperator immer vor der Taufe, wenn sich die Eltern bei einem Mädchen noch nicht über den Vornamen einig waren: „Taufen wir sie halt auf den Namen Elisabeth". Und so wurden einmal gleich fünf Mädchen hintereinander auf diesen Vornamen getauft. Die leben größtenteils heute noch in der Gemeinde.

Als Mesner habe ich bei einer Taufe meist ein „Fuchzgerl" als Trinkgeld bekommen. Bei der Taufe ist noch der Taufdöd mitgegangen und die Hebamme. Der Taufdöd hat die Taufe bezahlt. Bei einem größeren Bauern hat es manchmal auch eine Mark Trinkgeld für mich gegeben, das war damals viel Geld.

Läutbrot und Seelenbeschreibung

Für das Läuten der Kirchenglocken gab es seit alters her das Läutbrot oder die Läutgarbe. Diese sammelte der Mesner im Herbst selbst ein. Je nach Größe des Hofes mußte jeder ein bis fünf „Läutgarben" hergeben. Später gab es die Garben nicht mehr, da gaben die Höfe dann nur noch Stroh. Das habe ich an einen Bauern in Unternaglbach verkauft, der es auch mit seinem Fuhrwerk zusammenfuhr. Manche gaben anstelle der Läutgarben auch gleich einen oder zwei Laib Brot.

Im Frühjahr war dann in jeder Pfarrei die Seelenbeschreibung. Sie diente hauptsächlich dazu, um festzustellen, wieviele Mitglieder hat die Pfarrei. Sie wurde meist mit der Beichtzettelsammlung durchgeführt. Diese machten die Meier Resi, eine Näherin, und ich gemeinsam. Die Resi wohnte im Mesnerhaus neben der Kirche und hatte das tägliche Taganläuten um fünf Uhr früh sowie das Gebetläuten am Abend übernommen. Wenn da ein Familienmitglied nicht bei der Osterbeichte war, so bekamen wir von diesem Hof meist drei oder vier Eier mehr als dieser sowieso gab.

An Ostern herrschte natürlich Hochbetrieb in der Kirche. Diese wurde vom Karsamstag bis zur Auferstehungsfeier am Karsamstag völlig verdunkelt. Da kamen oft welche zu mir und sagten, ich soll sie durch die Sakristei zum Beichten in die Kirche lassen, damit man sie nicht beim Vorgehen zum Beichtstuhl sieht. Es gab halt die ungewöhnlichsten Dinge."

Die Romfahrt

Auslandsreisen sind für uns heute eine Selbstverständlichkeit. Grönland, Sibirien, Patagonien, nichts kann die Reiselustigen schrecken oder abhalten. Das war natürlich vor einem Menschenalter noch ganz anders. Da war eine Auslandsreise, noch dazu, wenn sie in mehrere Länder ging, noch eine Sensation, ein Abenteuer, auf das man sich jahre- und monatelang vorbereitete.

Seit 1930 war nun Max Binder Mesner der Pfarrei Kirchberg und bald hörte und las man, daß der Papst den Altöttinger Kapuzinerbruder Konrad von Parzham heilig sprechen werde und daß die katholische Kirche erwarte, daß gerade aus seinem Heimatbezirk Niederbayern möglichst viele Katholiken zu diesem feierlichen Akt nach Rom reisen würden.

Damals war Papst Pius XI. Oberhaupt der katholischen Kirche, und zwar von 1922 bis 1939. Achille Ratti, wie Pius XI. mit bürgerlichem Namen hieß, war einer der großen Päpste. So sind u. a. seine Enzykliken zur Soziallehre heute noch richtungweisend. Er war aber anscheinend auch ein großer Verehrer des Bruder Konrad, den er am 14. Juni 1930 selig sprach und den er bereits vier Jahre später, am 20. Mai 1934, in der Peterskirche in Rom heiligsprechen wollte.

Der Kapuzinerbruder Konrad war am 22. Dezember 1818 in Parzham südlich von Passau geboren und starb am 21. April 1894 in Altötting. Er war das elfte von zwölf Kindern der Bauerseheleute Georg und Barbara Birndorfer und war ursprünglich auf den Namen Johann Evangelist Birndorfer getauft worden.

Max Binder war als junger Mann ein durchaus sparsamer Mensch. Er hätte auch nichts zum Verschwenden gehabt. Als er hörte, daß ein Reisebüro Bauernfeind aus Nürnberg zur Heiligsprechung des Bruder Konrad eine Busreise aus dem Bayerischen Wald nach Rom ausschrieb, stand für ihn fest: Da fährst du mit! Er hatte sich damals gerade 240

Mark zusammengespart und 216 Mark sollte die 16tägige Reise kosten. Dabei waren Unterkunft und Halbpension inbegriffen. Na, er würde es schon schaffen.

Als er seinem Vater von seinem Vorhaben erzählte, war der alles andere als begeistert. Was, soviel Geld willst du für so eine Reise ausgeben. Wir könnten das Geld jetzt für „ebbs anderes" gut gebrauchen. Er wußte eine gute Kuh, die würde nur 176 Mark kosten, da wäre da Geld viel besser angelegt. Solche und andere Einwände brachte der Vater gegenüber seinem damals 33jährigen Sohn vor. Doch für Max Binder stand fest: Ich fahre zur Heiligsprechung des Bruder Konrad mit nach Rom.

Schon lange hatte er sich vorgenommen, einmal sich die Welt auch außerhalb des Bayerischen Waldes anzusehen, wie man anderswo lebt, arbeitet, ißt, betet. Jetzt war die Gelegenheit da und für ihn gab es kein Zurück. Schließlich hatte er sich nicht wegen einer Kuh jahrelang geschunden, hatte weder geraucht noch geschnupft, weder getrunken noch sich sonstige Eskapaden geleistet. Damals gab es in Kirchberg beinahe keine Möglichkeit, eine geregelte Arbeit zu bekommen. Alle Familien hatten meist mehrere Kinder. Wenn die aus der Schule kamen, was und wo sollten die arbeiten?

Als 1927/1928 in das alte Ökonomiegebäude des Pfarrhofes die Kapelle eingebaut wurde, hat er zwei Sommer lang als Bauhelfer gearbeitet. Dafür bekam er pro Tag bei zehnstündiger Arbeit 2,50 Mark. Zu Hause mußte er aber auch die Landwirtschaft versorgen, das ging dann nicht mehr. So engagierte er eine Frau aus der Nachbarschaft, die ihm für 1,50 Mark in diesen beiden Jahren die Landwirtschaft versah. Sie bekam auch noch das Essen im Haus, so daß Max Binder für gerade eine Mark am Tag auf dem Bau arbeitete. Was gab's da zur Brotzeit? „Brotzeit hots da koane geb'm. A Stückl Brout und as Wassa aus dem Pfarrhofbrunna, dös war ois!"

Das waren zwei harte Jahre. Früh um fünf Uhr aufstehen, Vieh richten und füttern, dann auf dem Bau arbeiten bis elf Uhr, schnell nach Hause zum Essen und Füttern, ab zwölf Uhr wieder arbeiten bis fünf Uhr nachmittags, dann heim, füttern, essen und ins Bett. Aber immerhin konnte er so an jedem Arbeitstag auf der Baustelle eine Mark zurücklegen.

Als nun feststand, daß die Heiligsprechung an Pfingsten 1934 stattfindet, kamen die Pfarrer von Regen, Langdorf, Rinchnach, Kirchdorf und Kirchberg in Kirchberg zusammen und beschlossen: Wir fahren mit. Pfarrer Max Kormeier von Kirchberg meinte zu Max Binder: „War schöi, wannst a mitfahrast, dann hätten wir gleich an Ministranten." „Aber, daß sie mir auch was dazuzahlten, davon haben sie nichts gesagt!" erinnerte sich Max Binder, der aber bereits fest entschlossen war: Da fahre ich mit! An einem Sonntag ging es dann ab Regen los. Diese Reise schildert Max Binder so:

Die Abfahrt

„Die Geistlichen hatten größtenteils schon in Regen übernachtet. Ich habe zuerst nach meinen Mesnerdienst um dreiviertel sieben Uhr versehen und bin dann mit dem Fahrrad nach Regen gefahren. Für die Reise hatte ich mir extra einen neuen Anzug machen lassen. Dann hatte ich mir um 2,50 Mark eine Aktentasche gekauft, die war aus Preßpappe, und darin habe ich meine Reiseutensilien verstaut: Ein zweites Hemd, Seife, Zahnbürste, Taschentücher und einen Kanten Brot. Einen Koffer besaßen wir damals nicht, den hatte auch noch niemand bisher in der Familie gebraucht. In Regen habe ich mein Fahrrad eingestellt und bin dann zum Stadtplatz gerannt, wo der Bus abfuhr. Nun hatten sich nicht so viele Geistliche gemeldet, daß der Bus voll geworden wäre. Deshalb hatte das Reisebüro noch mehrere Nürnberger Fahrgäste mitgenommen, durchwegs betuchte Leute, die aber alle evangelisch waren. Ich kam also als Letzter zum Bus und stieg ein. Da fragte mich der Reiseführer: Herr Binder, wo haben Sie Ihr Gepäck? Da habe ich meine Aktentasche hochgehoben, da hat der ganze Bus gebrüllt!

Unter den Mitreisenden war eine Fabrikbesitzerin, welche, wie sie mehrmals erzählte, alle Schrauben für das Luftschiff „Zeppelin" geliefert hat. Die hatte zwei Koffer dabei: Einen kleinen und einen so großen, den sie allein nicht einmal heben konnte. Bei anderen war es ähnlich, so daß die Reaktion auf mein Reisegepäck verständlich war. Es war nur noch ein Platz frei, der auf der letzten Bank hinten in der Mitte.

Wir sind dann losgefahren. Allerdings wurde die Reise schon in Kufstein unterbrochen. Man durfte damals nicht mit dem Bus durch Österreich fahren. Warum, weiß ich nicht mehr. Man erzählte da etwas von einer Tausend-Mark-Sperre. Auch soll damals Mussolini befürchtet haben, daß Hitler sich Österreichs und Südtirols bemächtigt und hat deswegen Truppen entlang der Brennergrenze aufmarschieren lassen. Wir mußten also in Kufstein aussteigen und mit dem Zug bis zum Brenner fahren. Dort warteten wir dann auf den Bus und konnten wieder zur Weiterfahrt einsteigen. Der Bus mußte leer durch Österreich fahren.

Wir fuhren dann bis Sterzing. Dort wurde in einem Kloster übernachtet. Damals war es für die katholischen Geistlichen noch Pflicht, täglich eine Messe zu zelebrieren. Da sind die ersten schon um fünf Uhr aufgestanden, da gut fünfzehn Pfarrer im Bus saßen, damit sie einen freien Altar für ihre Messe bekamen. Ich habe da bei drei Pfarrern gleichzeitig ministriert, da sonst keine Ministranten da waren.

Am dritten Reisetag kamen wir nach Venedig. Da der Bus nicht in die Stadt hineinfahren durfte, mußten wir an einer Anlegestelle auf ein Schiff umsteigen. Mit meiner Aktentasche als einziges Gepäck war ich natürlich der Erste auf dem Schiff, während die anderen erst ihr Gepäck aus dem Bus ausladen mußten. Da rief mir der Reiseleiter zu, ich soll doch der älteren Frau mit den beiden Koffern den schweren tragen. Bisher hat dies der Busfahrer gemacht, der war aber mit dem Bus abgefahren. Also, bin ich wieder herunter von dem Schiff und habe der Frau den schweren Koffer auf das Deck gebracht. In Venedig mußten wir mehrmals umsteigen, immer habe ich den schweren Koffer transportiert. Dafür hätte ich wenigstens ein Dankeschön oder eine freundliche Bemerkung erwartet. Doch die Frau sagte nicht einmal „bitte" oder „danke". Da habe ich nach drei Tagen dem Reiseleiter gesagt: „Ich habe das gleiche für die Reise bezahlt wie die Frau. Wenn sie einen Kofferträger braucht, dann muß sie sich ab sofort einen suchen, die hat bisher noch nicht einmal dankeschön gesagt." Die fand das offensichtlich als selbstverständlich, daß ich ihr als junger Mann den schweren Koffer trage. Das hat der Reiseleiter dann der Dame gesagt. Die wurde plötzlich ganz höflich und kam auf mich zu: Also, wenn ich ihr weiter den schweren Koffer trage, kann ich täglich einmal - mittags oder abends - auf ihre Kosten essen. Damit war mein Problem mit meiner schmalen Reisekasse auch gelöst, zumal auch die mitreisenden Pfarrer, denen ich oft schon ab 5 Uhr früh ministrierte, sich auch veranlaßt sahen, mir diese Tätigkeit mit Einladungen oder kleinen Geldbeträgen zu vergelten.

Unterwegs

Für die Männer waren unterwegs nur Doppelzimmer gebucht worden. Ich schlief meist mit einem der Geistlichen zusammen in einem Zimmer. Am häufigsten habe ich mit Pfarrer Kormeier das Zimmer geteilt und, da ich meist zuerst ins Bett ging, habe ich mich schlafend gestellt, wenn er kam. Es verging kein Tag, an dem er sich nicht vor dem Schlafenlegen vor das Bett hinkniete und betete. Das hat mich jungen Menschen schon sehr beeindruckt."

Natürlich mußte Max Binder des öfteren einen kleinen Waschtag einschieben, wo er Taschentücher, Socken oder eines seiner beiden Hemden wusch.

Die Patenttüren

„Am vierten Reisetag war unser Ziel Rimini. Dort gab es keine so große Kirche mit mehreren Altären, so daß sich die Pfarrer einigten: Es zelebrieren täglich zwei, die anderen nehmen dann an deren Gottesdienst teil. In Rimini waren wir in einem ganz modernen Hotel einquartiert. Die Zimmer hatten moderne Schlösser mit einem Rundknopf. Wenn man da den Schlüssel abzog, konnte man die Türe nicht mehr öffnen. Im Zimmer neben mir schliefen die Pfarrhaushälterinnen von Regen und von Kirchdorf. Die haben mir am Morgen laut an die Wand gepocht und ständig gerufen. Ich bin dann auf den Balkon und habe gefragt, was denn los sei? „Mir kemma nimma naus, mir san eingespirrt!" Ich habe ihnen dann erklärt, wie der Türverschluß funktioniert, in der Mitte „einidrucka und umidrahn"! Also, sie werden es probieren. Doch bald riefen sie schon wieder. „Dös geht nöt! Helfans uns!" Die Zimmerbalkone gingen alle zum Meer hinaus und waren mehr als zwei Meter auseinander. Guat, ich komm! Da bin ich auf meinen Balkon gestiegen und bin zum Nachbarbalkon hinübergesprungen, obwohl wir im 3. Stockwerk untergebracht waren. Ich hab ihnen dann aufgesperrt. Natürlich war das dann den ganzen Tag oftmaliger Gesprächsstoff.

Die Heiligsprechung

Am fünften Tag sind wir dann in Rom angekommen, wo wir wieder in einem Kloster einquartiert wurden. Das Kloster lag etwas außerhalb, so daß wir zum Petersplatz mit der Straßenbahn fahren mußten. Zu Hause hatte man schon erzählt, daß man in Rom sehr auf sein Geld achten muß, es werde viel gestohlen. Daher hatte ich mein Geld, das ich noch dabei hatte, an drei Stellen verteilt. Im Leibltaschel, in einem kleinen Geldbeutel und in einer Brieftasche. jeder hat da sein Patentrezept gehabt, wie er das Geld aufhebt. Als wir in der Nähe des Petersplatzes aussteigen, schreit Pfarrer Madl von Rinchnach plötzlich: „Mei, mir hams as Göld g'stohln!" Der hatte über seinen Talar noch einen leichten Sommermantel darüber. Die Taschendiebe haben in dem fürchterlichen Gedränge die Fahrgäste verstohlen abgedrückt und wohl den Geldbeutel in der hinteren Hosentasche des Pfarrers gespürt, dann Mantel, Talar und Hosentasche aufgeschnitten und den Geldbeutel gestohlen. Da haben dann alle zusammengelegt und ihm soviel Geld gegeben, daß er die Reise fortsetzen konnte. Ich konnte ihm nichts geben, aber ich sagte ihm, wenn er gar nichts mehr habe, dann werden wir zu zweit schauen, wie wir durchkämen.

Die Heiligsprechung in der Peterskirche war dann einmalig. Das werde ich nie vergessen. Der Platz in dieser riesigen Kirche war in einzelne

Boxen eingeteilt, je nach Diözese und Land. Vor unserer Box war ein freier Platz, und von dort stiegen die Stufen zum Hochaltar hinauf. Das habe ich gleich gar nicht gesehen. Ich wollte aber nichts versäumen und habe mich immer wieder nach vorne gedrückt, bis ich ganz vorne an der Absperrung stand. Plötzlich erklang Fanfarenmusik und dann trugen Schweizer Gardisten den Papst auf einer Trage, der Sedia gestadoria, feierlich herein. Und genau vor mir stellten die Gardisten den Tragsessel ab. Der Papst stieg heraus, man stellte einen Betschemel auf und dann kniete Pius XI., keine zwei Meter von mir entfernt, zu einem kurzen Gebet nieder. Dann stand er auf und ging unmittelbar an mir vorbei, ich hätte ihm die Hand geben können. Ich war so beeindruckt, ja ich war ganz aufgelöst. Dann begab er sich auf seinen Papstsessel und es begann die offizielle Heiligsprechung des Bruder Konrad. Als er dann zum Schluß die Heiligsprechung in lateinischer Sprache verkündet hat, flammten mit einem Schlag alle nahezu zweitausend Kronleuchter dieser größten Kirche der Menschheit auf und Zehntausende von Lichtern ließen den Petersdom innen taghell erstrahlen. Ein allgemeines „Aaah" und „Ooh" erklang, die Menge klatschte. Einige Frauen riefen: „schöna konns im Himmi a nöt sei!" Viele weinten. Jetzt war unser niederbayerischer Landsmann heilig! Das war ein einmaliges Erlebnis!

Abenteuer in Mailand

Die Heimfahrt führte uns auch nach Mailand. Da hatten wir eine interessante Stadtrundfahrt mit Dombesichtigung, dem großen Corso, der weltberühmten Mailänder Scala, den zahllosen Geschäften, Restaurants, Cafés, Tavernen. So etwas war für mich, der ich noch kaum aus Kirchberg herausgekommen war, geradezu atemberaubend.

Bei unserer Gruppe war auch Pfarrer Joseph Engelhardt aus Langdorf. Der war gleichzeitig Weltmissionar und ist in der ganzen Diözese Passau herumgereist und hat Missionsvorträge gehalten. Nach dem Abendessen im Hotel hieß es: Morgen wird früh aufgestanden und nach dem Frühstück abgefahren. Da kam Pfarrer Engelhardt zu mir und fragte mich: „Wia war's denn, ich möcht unbedingt amal die Mailänder Scala seng, tatst nöt mitfahrn. Ich zohl Dir die Straßenbahn scho!" Freilich fahr ich mit! Also, raus aus dem Hotel, zur Straßenbahnhaltestelle und bis ins Zentrum gefahren. Dann haben wir uns den Abendbetrieb halt angeschaut, diese Geschäfte, diese eleganten Menschen, die am Opernhaus vorfuhren, diese Lichtreklamen. Dann meinte der Pfarrer: „Woaßt wos, jetzt kehrma doch a weng ei. Brauchst koa Angst ham, den Wein zohl i dir scho!"

Dann sind wir in eines der vielen Lokale, haben Wein getrunken und dazu Weißbrot mit Salami gegessen. Plötzlich, es war gerade Theaterschluß, strömten ganze Scharen von späten Besuchern herein. Wir waren platt, denn es kamen in dieses Lokal nur Frauen. Im Lokal waren nur ganz wenige Männer. Kaum hatten die Frauen uns erspäht, da kamen sie schon zu uns an den Tisch, um sich mit uns zu unterhalten. Aber wir haben uns ganz schüchtern gestellt, italienisch haben wir sowieso nicht verstanden, dann sind sie wieder abgezogen. So um zwölf Uhr sind wir dann gegangen. Wir sind noch einmal durch die überdachte Einkaufsstraße gebummelt. Das war ein Leben, alles läuft herum, lacht, unterhält sich. Als wir auf den Domplatz herauskommen, ist es Mitternacht vorbei. So, jetzt fahren wir heim. Dort ist die Straßenbahnhaltestelle. Jetzt müssen wir mit einer in der Gegenrichtung fahren. Wir steigen ein. Als wir drin sind, fällt uns beiden nicht mehr ein, wie unser Hotel hieß. Das einzige, an was wir uns erinnern konnten, war die Erklärung des Reiseleiters, daß man von der Hauptstraße bei einem großen Schild nach rechts zu unserem Hotel abbiegen muß. Auf dem Schild stand übergroß: Birra Italia! Also: Italienisches Bier.

In der Straßenbahn saß vorn der Fahrer und hinten an einem kleinen Tischchen der Schaffner, der mit einem Hebel die Türe öffnete und schloß. Wir haben uns hingesetzt. Der Schaffner fragte uns offensichtlich, wohin wir wollten. Wir zuckten die Schulter und sagten: Wir wissen es nicht. Dann sind wir nach einiger Zeit wieder zu dem Schaffner und haben ihm unser Ziel zu erklären versucht: Hotela bei Schild „Birra Italia". Der Pfarrer versuchte es auf lateinisch. Es half nichts. Der

Schaffner zeigte auf unsere Sitze, wir sollten uns wieder hinsetzen. Inzwischen hatten sich die anderen Fahrgäste um unser Problem angenommen. Sie diskutierten mit uns, mit dem Schaffner, untereinander, wir verstanden kein Wort. Ich überlegte mir und dann meinte ich: Herr Pfarrer, der Name unseres Hotels hat mit an großen Wasser zum toa! Immer hielt die Straßenbahn, Leute stiegen ein und aus, wir fuhren schon eine ganze Stunde und kamen schon an Plätzen vorbei, wo wir schon einmal waren. Da ging ich nochmals zu dem Schaffner und sagte: Hotel - große Reklame Birra Italia, dort Hotel. Da schaute er kurz und dann ging ein Leuchten über sein Gesicht: Si, si!

Dann haben wir uns wieder hingesetzt. Die Leute haben gelacht, weil er allen erzählte, daß wir zu Birra Italia wollten. Als wir schon zwei Stunden unterwegs waren, saßen wir schließlich nur noch allein in der Tram. Da ging ich nochmals zu dem Schaffner und sagte, daß wir jetzt ein Billet wollten. Da gab er uns das billigste, das er hatte. Da stellten wir fest, daß wir schon zum zweiten Mal an die gleichen Stellen kamen. Es war die letzte Rundfahrttram in der Nacht. Schließlich hielten sie an, Fahrer und Schaffner stiegen aus, wir auch, dann deuteten sie auf das große Schild über der Straße: Da stand darauf: Birra Italia. Und dann zeigten sie nach rechts und sagten: „Atlantic-Hotel!" Da meinte der Pfarrer: „Du host eh gsagt, daß unser Hotel mit an großen Wassa wos zum toa hot!"

Die Alpenüberquerung

Wir haben dann in Genua den angeblich schönsten Friedhof der Welt besichtigt mit seinen bombastischen weißen Marmordenkmälern. Als wir dann in der Schweiz, zum Gotthard-Paß kommen, ist noch tiefer Winter auf dieser Paßstraße. Der Bus hatte ein Schiebedach, das man zurückschieben konnte. Wenn man da im Bus aufstand, konnte man mit der Hand den Schnee greifen, der beidseits der Straße aufgetürmt war. Diese Paßstraße war manchmal nur so eng geräumt, daß der Fahrer mit dem Bus nicht durch die Kurve kam. Da mußte er dann nochmals

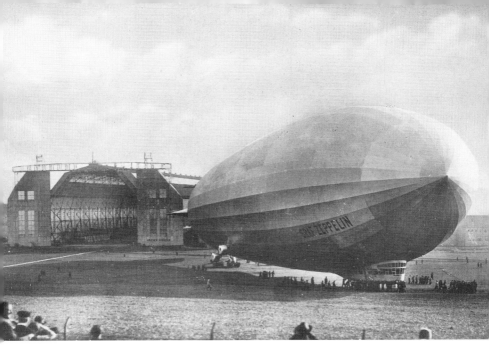

Das Luftschiff „Graf Zeppelin" in Friedrichshafen. Es war 236,5 m lang, 33,7 m hoch und hatte 105 000 cbm Gasinhalt. Es konnte 15 000 kg Nutzlast tragen und flog 110 km/h.

zurückstoßen, um die Kurve zu bekommen. Da war mehrmals die hintere Sitzreihe schon direkt über dem Abgrund. Natürlich schrien und kreischten die Frauen. Da sagte der Chauffeur: „Wir haben noch zwei enge Kehren. Mir ist es aber lieber, wenn Sie dieses Stück zu Fuß gehen, sonst werde ich auch unsicher, wenn Sie immer so schreien. Ich komme ja nicht herum, wenn ich nicht zurückstoße. Wer keine Angst hat, kann da bleiben." Zu fünft blieben wir. Mich hat er dann nach hinten geschickt und hat gesagt: „Zwei Meter darf der Bus hinten hinausstehen, dann sind wir mit den Radeln immer noch auf der Straße". Ich habe also hinten hinuntergeschaut, daß wir nicht mehr als zwei Meter bei den letzten Kehren mit dem Heck über den Abgrund hinausragten.

Über den Vierwaldstättersee und Zürich sind wir dann nach Friedrichshafen. An der deutschen Grenze gab es eine ganz strenge Kontrolle. So durften wir keine Zeitungen aus dem Ausland mitbringen. Da wurde an der Grenze von oben mit einem Spiegel in den Bus kontrolliert, ob im Gepäcknetz nicht ausländische Zeitungen liegen, die mußten dann alle eingesammelt und abgegeben werden.

In Friedrichshafen startete an diesem Tag das Luftschiff „Graf Zeppelin" zu einer Amerikareise. Doch wir durften es vor dem Zusteigen der Passagiere aufgrund der Verbindungen, welche die Nürnberger Fabrikantin hatte, noch besichtigen. Da wurde gerade Proviant eingeladen, alle Anlagen überprüft, das war sehr interessant. Auch Steuerung, Navigation und andere technische Details wurden erläutert, was mich sehr beeindruckt hat.

Im Katholischen Burschenverein in Kirchberg habe ich dann zusammen mit Pfarrer Kormeier einen längeren Reisebericht gegeben und Pfarrer Kormeier hat von der Heiligsprechung erzählt.

Später kamen die Nürnberger Teilnehmer nach Regen, wo sie uns in den Gasthof Kreutzer eingeladen hatten. Sie zeigten uns dann die Fotos, die sie gemacht hatten. Für die evangelischen Nürnberger war natürlich die Heiligsprechung kein so großes Erlebnis wie für uns Katholiken. Aber über die Erlebnisse unterwegs hatten sie in Versform ein längeres Gedicht gemacht, bei dem ich, angefangen von meinem Reisegepäck bis zu meinem Lotsendienst über dem Abgrund der Gotthard-Paßstraße, laufend vorkam.

Wehrdienst – Kriegsdienst

„Zu einer Wehrübung wurde ich erstmals 1934 eingezogen. Für zehn Tage mußte ich nach Regen und Deggendorf. Wir bekamen keine Uniformen, sondern liefen in Zivil herum. Aber das Schießen mußten wir dreißig Mann schon üben.

Drei Tage vor Kriegsbeginn 1939 wurde ich zum Infanterieregiment 302 nach Plattling eingezogen. Standort des Regiments war Weiden. Das

Diese beiden Danzer-Rösser wurden bei Kriegsbeginn eingezogen und zogen dann die Feldküche in Max Binders Einheit in Plattling.

war eine bespannte Einheit mit 840 Mann und 156 Pferden. Wir bekamen auch zwei Danzer-Rösser zugeteilt, die ich von Kirchberg her kannte. Die zogen die Feldküche. Da es in Plattling keine Kaserne gab, wurden wir einstweilen im Gasthof „Goldener Anker" einquartiert. Wir wurden zu einer Kompanie zusammengestellt und sofort an die deutsch-französische Grenze verlegt. Dort wurde kilometerweit am Westwall gebaut.

Am Westwall war unsere Aufgabe, die in der eigentlichen Befestigungszone liegenden oder zu liegen kommenden Häuser und Gehöfte mit zu räumen und die Bauern dort weiter ins Landsinnere zu evakuieren. Das war keine schöne Aufgabe, denn wer verläßt schon gerne Haus und Hof. Allen war natürlich versichert worden, daß sie nach dem Krieg wieder in ihre Anwesen zurückkehren können.

Ab nach Polen

Unsere unerfreuliche Aufgabe am Westwall war bald erledigt. Da bekamen wir einen Einsatzbefehl nach Polen. Mit dem Zug wurden wir mit aller Ausrüstung nach Krakau gefahren. Dort erhielten wir den Auftrag, den gebirgigen Süden des Landes von den letzten versprengten polnischen Einheiten zu säubern.

Von Krakau marschierten wir immer entlang der gebirgigen Südgrenze Polens fast zweitausend Kilometer durch Täler und Wälder, über Berge und Flüsse. Der Polenfeldzug war längst vorbei. Unsere Aufgabe war es, versprengte polnische Truppenteile aufzulösen und die Grenze nach Süden zu sichern. Das war fürchterlich. Wir haben geschwitzt, gefroren, haben auf dem Boden oder nur auf Stroh geschlafen, waren tagelang durchnäßt und durchfroren, doch waren wir die erste Zeit alle pumperlgesund. Erst nach drei Wochen erwischte es mich. Ich bekam Fieber und Durchfall und konnte mich kaum noch auf den Beinen halten.

Unser nächster Auftrag war die Sicherung der Demarkationslinie zu Ostpolen, das von den Sowjetrussen besetzt war. Unser Standort war Zurawitza nördlich von Przemysl. Dort gab es sogar noch beinahe alles zu kaufen, auch zum Essen. Um uns wieder etwas aufzurichten, bekam die Einheit eine größere Schnapslieferung. Da habe ich an einem Abend 27 Gläser Schnaps getrunken. Das war der schlimmste Rausch in meinem Leben. Ich schlief oben in einem Stockbett, da mußten mich die Kameraden hinauflegen.

Damals hatten wir als Koch den Hotelbesitzer Maier Fritz aus Spiegelau, Kompaniechef war ein Lehrer aus Riedelhütte und Kompaniefeldwebel ein Postbote aus Spiegelau. Auch ein Metzger Josef Schlenz aus unserer Gegend arbeitete in der Küche. Nun waren zwischen dem Fluß San, welcher die eigentliche Grenze bildete, und unserer Frontlinie größere tote Zonen. Dort gab es Rehe in Hülle und Fülle. Da sind unsere Leute einfach zur Jagd hingegangen. An einem Morgen kamen sie mit sechs Rehen zurück. Da haben wir Konservenbüchsen genommen, haben die gerade geklopft und mit Nägeln Löcher hineingeschlagen, fertig waren die Reibeisen. Und dann gab es tagelang Rehragout mit Knödeln. Das hat sich natürlich bald herumgesprochen und dann wurde unserer 8. Kompanie das Reheschießen verboten.

Nun hatte man auf der Schreibstube festgestellt, daß ich Geschäftsführer einer Sparkasse bin. So kommandierte man mich auf einen Lehrgang für Kompanierechnungsführer nach Regensburg. Da lagen wir in der Von-der-Tann-Kaserne. Von da hat man mich zum Stab abkommandiert. Der war im Westflügel des Thurn und Taxis-Schlosses untergebracht. Gewohnt habe ich bei einer Witwe in der Hemauer Straße. Unsere Fahrzeuge hatten wir im Hof des Marstalls untergestellt. Manchmal, wenn ich zu den Fahrzeugen ging, kam die Fürstin Margarete, um mit ihrem Schimmel auszureiten. Sie trug stets ein dunkelgrünes Reitkleid und saß im Damensattel. Sie hat sich öfter mit mir unterhalten, sie war eine Habsburgerin und wurde von ihrem Personal mit „Kaiserlicher Hoheit" angesprochen.

Als ich zurückkam, war ich zunächst noch Kompanierechnungsführer, wurde dann aber bald zum Feldwebel und Bataillonsrechnungsführer befördert. Da mußte ich dann öfter mit dem Zahlmeister des Batail-

Feldwebel Max Binder

lons zur Divisionskasse nach Tarnow fahren, um Zlotys für die nötigen Einkäufe zu holen. In Tarnow war auch das Divisionsnachschublager.

Rückverlegung nach Thüringen

Zwischen dem Blitzkrieg gegen Polen und dem Beginn des Frankreichfeldzuges gab es über ein halbes Jahr kaum nennenswerte Kampfhandlungen. So wurden wir schließlich wieder in die Heimat verlegt.

Wir kamen dann nach Ohrdruf in Thüringen und marschierten von dort später in den Raum Bayreuth-Kulmbach. Da bekamen wir einen neuen Kommandeur, einen Major Dreyer, ein alter Weltkriegssoldat mit einem Schmiß auf der Backe. Der hielt immer markige Ansprachen, daß wir „das Füchten wieder lernen müßten", damit meinte er das Fechten, also das Kämpfen, und „daß wir um den Endsieg kämpfen müssen und daß jeder seinen Mann stehen muß". Das haben wir gar nicht so gerne gehört.

Als der Frankreichfeldzug begann, wurden wir in Marschbereitschaft versetzt. Doch der Krieg war schneller aus als erwartet, und da kamen wir nach Weiden, wo unser Regiment beheimatet war. Langsam wurde unsere bespannte Einheit nun in eine motorisierte umgestellt. Ich bekam ein französisches Beutefahrzeug, einen Ein-Tonner Peugeot.

Doch nach Frankreich?

Eines Tages bekam ich einen Marschbefehl zu einer Einheit nach Frankreich. Ich faßte neue Uniform, Tornister, Schuhe und fuhr feldmarschmäßig ausgerüstet los. Da kommt der Schaffner im Zug kurz nach Schwandorf und ruft aus: „Ist hier ein Feldwebel Binder!" Dann teilt er mir mit, daß ich in Regensburg aussteigen muß und mich bei der Bahnhofskommandantur melden soll. Dort erfuhr ich dann, daß ich nicht nach Frankreich komme, sondern nach Hohenfels auf den Truppenübungsplatz bei Parsberg. Da wurden wir wieder neu formiert. Auf dem Übungsplatz waren alle ehemaligen Dörfer bis auf eines bereits zusammengeschossen. Doch eines stand noch. Dort mußten wir dann Straßenkampf üben. Wir hatten nur Gewehre, Maschinengewehre, damals noch wassergekühlt, Hand- und Eierhandgranaten.

Schließlich wurde ich zu einem kleinen Stab nach Amberg kommandiert. Dort erhielten wir die Aufgabe, binnen zwei Wochen ein neu aufgestelltes Bataillon völlig neu auszurüsten. Das waren insgesamt 824 Mann. Und für die mußten in zwei Wochen alle Uniformen, Waffen, sonstige Ausrüstungsgegenstände, Verpflegung für zehn Tage und was sonst noch dazugehört, beschafft werden. Da haben wir in einer Turnhalle zwei Tage und Nächte ohne Unterbrechung gerechnet, geschrieben, telefoniert, bestellt, aber es hat geklappt. Da hatte ich einen sehr verständnisvollen Zahlmeister. Der war damit einverstanden, daß wir in den Großhandelsgeschäften auch bar bezahlten. Wir ließen uns die entsprechenden Bezugsscheine geben, holten das Geld in der Divisionskasse ab und bezahlten Ware gegen Geld.

Mit dem neuen Bataillon wurde dann in Amberg fleißig geübt. Doch plötzlich sickerte durch: Wir kommen heute Nacht 2 Uhr weg. So war es tatsächlich. Wir marschierten dann in der Nacht und bei Verdunkelung zum Verladen an den Bahnhof, doch als wir dort ankamen, warteten schon einige Dutzend junge Ambergerinnen, um sich von uns zu verabschieden. Ja, da habe ich halt auch einer lieben Bekannten „Auf Wiedersehen" sagen müssen, bevor der Zug abfuhr.

Ab nach dem Osten

Wir kamen dann nach Königsberg in Ostpreußen. Jetzt war der Befehlshaber Ost für uns zuständig. Als der Rußlandfeldzug begann, wurden wir zunächst im Nordosten eingesetzt, Polozk, Welikije Luki, Rosonow und wie die Orte alle hießen. Nachdem der Vormarsch zum Stillstand gekommen war, auf den langen Nachschubwegen aber immer mehr Partisanen den Nachschub störten, bekamen wir als neue Aufgabe: Sicherung der Nachschubtruppen.

Im Winter 1941/42 kamen wir zur Partisanenbekämpfung an die Beresina ins Gebiet des heutigen Weißrußland. Da hatten wir sehr große Verluste und mußten abgelöst werden und zur Neuaufstellung nach Polozk. In dem sumpfigen Gelände konnte man nur noch die Bahnstrecke benutzen. Die Straßen waren vermint, in den Wäldern wurde man unentwegt aus dem Hinterhalt beschossen. Wir holperten mit unserem Lkw im Schrittempo über die Schwellen, da beidseits Sumpf war. Da sprangen russische Soldaten von hinten auf unseren Lkw und haben die Verpflegung heruntergeklaut. In dieser Zeit gab es massenhaft Tote auf beiden Seiten.

Das Schlimmste war: Niemand wußte, wo eigentlich die Front war. In der Nacht wußte man nicht, sind es Russen oder eigene Soldaten, die sich da bewegten. Damals war in meiner Kompanie noch der Geis Michl aus Sommersberg dabei. Wir hatten einen russischen Beute-Lkw, einen

In Rußland wurde Max Binders Einheit Zug um Zug motorisiert. Dieses Foto zeigt ihn im Juli 1942 auf dem schwersten aber besten Pferd seiner Einheit.

Drei-Tonner. Als wir auf der Bahnstrecke so dahinhoppeln, bekommen wir plötzlich eine ganze Gruppe Sowjetsoldaten zu Gesicht. Was tun? Bei uns war ein Kamerad aus Franken, ein erklärter Kommunist. Der schaltete am schnellsten. Er riß sich seine Uniformjacke herunter, zog sein Hemd aus und knüpfte es oben auf sein aufgepflanztes Seitengewehr. Dann legte er sich auf den vorderen Kotflügel und winkte damit den Russen. Die standen da und waren platt. So etwas Komisches hatten die noch nicht gesehen. Einen russischen Lkw mit einem halbnackten Mann darauf, der mit einer weißen Fahne an einem Gewehr winkte. Sie ließen uns unbehelligt weiterfahren.

Eines Tages bekamen wir einen ganz jungen Oberleutnant aus der Heimat zugeteilt. Wir durchkämmten gerade ein Waldstück und kamen an eine Brücke vor der wir Halt machten. „So kommen wir nicht voran," meinte der junge Offizier. „Wir müssen die Brücke im Handstreich nehmen!" Dann teilte er zwei Unteroffiziere ein und etliche Soldaten und dann ging's los. Sofort schossen die Partisanen wie wild und warfen Handgranaten. Wir konnten die Brücke nicht nehmen. Das Ergebnis aber war: Der Oberleutnant tot, die beiden Unteroffiziere schwer verwundet. wenige Stunden nach seiner Ankunft bei unserer Einheit war der junge Offizier gefallen. Tragik des Krieges!

Ich hatte immer unglaubliches Glück und einen Schutzengel, der wirklich den Namen verdiente. Einmal bekam ich einen Durchschuß durch meine Mütze. Drei Zentimeter tiefer und der Schuß geht durch meinen Kopf. Ein anderes Mal saust eine Scharfschützenkugel durch meinen Mantelsaum.

Bei einem der Einsätze kamen wir an ein Dorf, das wie ausgestorben wirkte. Wir brauchten dringend Wasser. Einer hatte am Dorfrand einen Ziehbrunnen entdeckt. Also geh' ich mit zwei Eimern hin. Da ist keine Gefahr, meinte einer, da sind nur alte Weiber dort. Als ich zu dem Brunnen komme und mir Wasser herausholen will, kommen einige alte Frauen auf mich zu. Wie ich hinschaue, sehe ich, daß zwei lange Bärte haben. Das waren verkleidete Partisanen. Da bin ich vielleicht fort! Da könnte man stundenlang von außergewöhnlichen Situationen erzählen.

Der Rückzug

Wir haben dann den gesamten Rückzug der Ostfront mitgemacht. Wir waren damals an der polnisch-ungarischen Grenze in einem Schulhaus untergebracht und wollten gerade Weihnachten feiern. Da gab es Alarm: Sofort alles abmarschbereit antreten. In der Nähe war die Division „Hitlerjugend" stiften gegangen, lauter junge Burschen und wir mußten die entstandene Frontlücke schließen. Auch das habe ich überstanden. Dann kamen wir bis kurz vor Budapest. Doch es zeichnete sich ab, daß die

Stadt nicht mehr zu halten war. Wieder Rückzug bis Bruck an der Leitha, Sicherung der Verbindung nach Stockerau - Brünn.

In dem allgemeinen Durcheinander, von dem man sich kaum als Nichtdabeigewesener eine Vorstellung machen kann, hieß es plötzlich: Unser Stab ist weg. Wir kommen zu einer Panzerdivision. Natürlich fehlte es an Treibstoff und Munition. Es kam ja kein Nachschub mehr zu uns. Da haben wir uns vorerst so beholfen: Wir haben einen Lkw betankt und der mußte einen anderen hinterherziehen.

Schließlich kamen wir nach Znaim. In der dortigen Schule hat einer ein Lager mit Gurken und Radios entdeckt. Das nützte wenig. Ich wurde in einer Kartoffelbrennerei einquartiert. Da stellten wir sofort fest, daß noch eine Menge Kartoffelsprit da lagerte. Das war 96prozentiger reiner Alkohol. Wir probierten: Laufen die Lkw mit Alkohol? Sie liefen! Sofort wurden an jeden Lkw sechs Kanister mit Sprit verladen, meist mit Bandeisen an der Seite. Doch bald stellten wir fest, daß einige Fahrer total besoffen waren. Da haben wir den reinen Sprit mit dem Normaltreibstoff vermischt und jetzt kamen wir etwas besser vorwärts.

Doch plötzlich merkten wir, daß uns russische Truppen bereits überholt hatten. Jetzt war guter Rat teuer. Da sah ich in finsterer Nacht einen Panzer stehen. Den werde ich einmal fragen wie es weitergeht, dachte ich mir, und ging im toten Winkel auf ihn zu. Als ich näher komme, merke ich, daß das ein Sowjetpanzer ist. Da rannte ich sofort zurück und warnte unsere Leute. Es war inzwischen total finstere Nacht und vielleicht drei Uhr. Plötzlich wurden wir von zwei Seiten beschossen. Unser Lkw fing sofort Feuer. Überall krachte und pfiff es. Jeder suchte nach Deckung. Die Russen in dem Panzer hatten uns bemerkt. Jetzt gab es nur noch eines: Weg hier und zwar so schnell wie nur möglich."

Flucht in die Heimat

„Ich weiß es noch genau wie heute: Es war der 9. Mai 1945. Unser Lkw war zusammengeschossen und abgebrannt, unsere Einheit war in der stockfinsteren Nacht irgendwo und nirgends. Überall wurde geschossen, aber wer und auf wem, das war nicht mehr auszumachen. Wir hatten uns zu viert in dem Wald zuerst einmal versteckt. Nur weg hier, war unser Gedanke. Doch nach einer halben Stunde waren wir nur mehr zu dritt, den vierten hatten wir verloren. Wir drei waren die Unteroffiziere Rupert Bauer und Jakob Löffelmann und ich. Ich war damals Feldwebel, aber das spielte natürlich keinerlei Rolle mehr. Bloß weg von hier, war unser Gedanke, und den Russen nicht in die Hände fallen. Es dauerte nicht lange, da hatten wir auch den Löffelmann verloren. Wir krochen, sprangen und liefen weiter. Plötzlich fanden wir auf dem Waldboden einen deutschen Karabiner. Der Bauer sagte sofort: „Das ist dem Löffelmann sein Karabiner, den kenn' ich!" Also mußte er hier durchgekommen sein. Wir haben den Karabiner natürlich liegen gelassen, hatten wir doch keine Munition mehr für ihn und was wollten wir jetzt noch mit einem Gewehr? Längst war durchgesickert, daß Deutschland kapituliert.

Schließlich dämmerte der Morgen und wir mußten vorsichtiger sein. Wir kamen an einen Waldrand mit dichtem Jungbewuchs. Nur langsam krochen wir unter den Bäumchen durch zum Rand der Schonung. Als wir diese erreicht haben, stehen direkt vor uns zwei schwarzglänzende Stiefel. Durch Zeichen verständigten wir uns: Du ziehst am rechten, ich am linken Bein. Das taten wir zur gleichen Zeit und vor uns lag ein Oberleutnant von unserem Stab, der auch durch den Wald geschlichen war und jetzt schaute, wie er weitergehen konnte. Die Überraschung war beiderseits ungeheuer. Als wir uns davon erholt hatten, wollte uns der Offizier gleich befehlen: „Sie gehen jetzt nach links und sichern zum Wald hin und Sie beobachten das Gelände nach rechts!" Wir haben so getan als ob und haben uns dann mit Zeichen verständigt und aus dem Staub gemacht.

Jetzt mußte zuerst einmal Beratung gehalten werden: Wie soll es weitergehen, wohin wollen wir eigentlich, was haben wir dabei? Das Ergebnis war: Wir wollen unter allen Umständen nach Hause. Das schworen wir uns in die Hand: In die Gefangenschaft gehen wir nicht, dann lieber tot. Zu Essen hatten wir beinahe nichts mehr, nur der Bauer hatte noch ein Stück ranziges Geräuchertes aus dem letzten Paket von zu Hause. Dann hatte jeder noch eine Pistole mit Munition und zwei Eierhandgranaten, die wir in der Uniform trugen. Landkarte hatten wir keine. Wir waren im Raum Iglau und wollten zunächst nach Österreich. Also mußten wir uns südwärts halten.

Als wir uns weiterschleichen, immer im Wald oder am Waldrand, bemerken wir plötzlich einen Uniformierten im Wald, der sich von Baum zu Baum schlich. Es war unser Kamerad Löffelmann. Da war natürlich die Freude groß. Wir haben ihm gesagt, was wir beschlossen hätten und er war sofort damit einverstanden und ging selbstverständlich mit uns. Löffelmann war von Beruf Schneider und stammte aus Haidl im Sudetenland, Bauer war Regensburger und war später der Chef des Oberbürgermeisterbüros im Alten Rathaus zu Regensburg.

Dann kam die erste Nacht. Wir verkrochen uns unter jüngeren Waldbäumen und haben schlecht und recht ein paar wenige Stunden Schlaf zusammengebracht. Wir gingen immer nach Süden. Die richtige Richtung konnten wir am Tag mit der Uhr um zwölf Uhr feststellen. In der Nacht half es mir, daß mir der Pater einmal den Nordstern oder Polarstern erklärt hatte. Wenn wir den sahen, mußten wir genau entgegengesetzt laufen. Doch die Nächte waren frisch und wir hatten nichts zu Essen. Schließlich brach der erste zusammen. Er konnte nicht mehr weiter. Wir legten ihn auf den trockenen Waldboden und krochen ganz nah zu ihm hin, daß wir ihn von beiden Seiten wärmen konnten. Endlich, mit viel Zureden haben wir ihn wieder hochgebracht und sind weitergestolpert.

An Essen gab es jeden Tag eine Scheibe von Bauers Geräuchertem. Das haben wir so lange im Mund gekaut, bis auch die Rinde zusammengekaut war und hinuntergeschluckt werden konnte. Dann haben wir aus den jungen Trieben von Schwarzbeeren und von Baumrinde, von der wir den harten äußeren Rindenteil und die innere Bastschicht abgeschnitten hatten, einen mit Wasser vermischten Brei gemacht und das war unsere Hauptnahrung. Beeren oder Pilze gab es im Mai noch nicht.

Damit wir nicht im Wald orientierungslos im Kreis herumlaufen, hatten wir uns ein eigenes System ausgedacht. Wir gingen immer im Abstand von etwa zwanzig Meter hintereinander. Der Letzte mußte darauf achten, daß die vorderen geradeaus gingen. Dabei wurde natürlich abgewechselt.

Wir erreichen die österreichische Grenze

Wie wir auf eine Straße stoßen, kommen Russen daher und schießen bald wild in der Gegend herum. Wir sofort in volle Deckung. Doch wir beobachten, daß sie nach allen Seiten schießen und weniger auf uns direkt. Die taten dies aus reiner Siegesfreude und hatten uns gar nicht erspäht. Als die Russen weg waren, sind wir wieder langsam weitergeschlichen. Jetzt haben wir tagsüber meist in einem Versteck verbracht, des nachts sind wir dann gelaufen. Überall wimmelte es von sowjetischen Einheiten. Immer wieder brach einer von uns zusammen und die Kräfte schwanden uns zusehends. Endlich hatten wir die österreichische Grenze erreicht und überschritten und brauchten keine Angst mehr vor den herumziehenden tschechischen Trupps zu haben. Doch auch hier waren die Russen und wir mußten uns weiterhin verstecken.

Da trafen wir im Wald auf eine Frau mittleren Alters, die Holz machte. Sie hatte ihre beiden Kinder dabei und von ihr erfuhren wir erstmals, wie die Lage in Wirklichkeit war. Sie nahm uns mit in ihr Anwesen und kochte uns Tee und es gab gekochte Kartoffeln. Dann schlichen wir weiter. Am nächsten Tag kamen wir an ein großes Haus direkt am Waldrand. Ein alter Mann und eine Frau waren heraußen, der Mann hackte Holz.

Da haben wir uns bemerkbar gemacht und das Ehepaar lud uns zu sich in das Haus ein, das ein großes Ferienhaus der Wiener Telefoner war. Auch hier bekamen wir etwas zu essen, nicht viel, denn die Leute hatten selbst fast nichts. Wir erkundigten uns aber, ob hier im Hause keine Uniformen der ehemaligen Telefoner wären. Doch, da lägen noch einige auf dem Dachboden. Die könnten wir haben. Wir zogen also endlich unsere Wehrmachtsuniform aus und die Telefoneruniform an. Das waren blaue Hosen und genau solche Jacken und dazu ein Käppi. Ausweise oder Wehrpaß hatten wir schon lange weggeworfen.

Nun sind wir also als österreichische Telegrafenarbeiter weitermarschiert. Doch wir wurden immer schwächer, immer öfter blieb einer liegen. Da half schon kaum noch das Dazulegen. Wir haben uns immer wieder gesagt: Hier dürfen wir nicht liegen bleiben, wir können hier nicht jämmerlich draufgehen, jetzt, wo wir schon so nah der Heimat sind. „Geht's allein weiter, i ko nimma, laßt's mi lieg'n!" Doch immer wieder haben wir denjenigen, der strauchelte, wieder aufgerichtet und uns weitergeschleppt. Wir schafften jetzt kaum zehn Kilometer am Tag, nach unserer Schätzung.

Immer wieder treffen wir auf Russen

Einmal sahen wir ein kleines Dorf vom Waldrand aus. Nichts rührte sich dort. Wir beschlossen, uns dort einmal umzusehen. Wir trafen eine alte Frau, welche erzählte, daß die Russen gestern abgezogen seien, wir könnten ruhig durch das Dorf gehen. Das haben wir auch getan. Als wir am Dorfende ankamen, sehen wir einen Lkw voller russischer Soldaten auf der Dorfstraße daherkommen. Es war wohl das Nachkommando. Da sind wir vielleicht gelaufen. Vor dem Wald war ein kleines Bacherl. Stiefel und Socken aus und dann sind wir einfach durchgerannt. Da trat ich in einen Haufen Glas- und Flaschenscherben, die da im Bachbett lagen. Die ganze Fußsohle war mir aufgeschnitten. Aber nur weiter, damit die Russen uns nicht einfangen. Die Wunde haben wir dann notdürftig verbunden und sind weitermarschiert. Nach zwei Wochen war sie übrigens ganz geheilt.

Wir hatten alle drei noch unsere Stiefel an, die beim Militär Knobelbecher hießen. Sie waren naß und steckten wie Blei an den Füßen. Endlich, drei Tage später, kamen wir in den Raum Aigen-Schlägl. Von da an kannte ich mich schon aus, denn da war ich schon früher ein par Mal gewesen. Das machte uns etwas unvorsichtiger. Als wir auf der Straße laufen, taucht plötzlich ein großer Transport von deutschen Kriegsgefangenen auf, den eine starke russische Einheit bewacht. Die Gefangenen waren schon drei Tage unterwegs und schleppten sich auch nur so dahin. Die Russen nahmen uns fest und wir mußten mit dem Gefangenenkonvoi mitmarschieren. Bald bekamen wir mit, daß hier strenge Gesetze galten: Wer nicht mehr weiter konnte und liegen blieb, der war erledigt. Durch Zeichen verständigten wir uns, daß wir bei nächst passender Gelegenheit abhauen. An einer Straßenbiegung, wo ein Bacherl und eine kleine Brücke war, rannten wir über die Böschung hinunter in den Wald. Die Russen haben sofort hinterhergeschossen, aber sie trafen uns nicht. Doch die Kugeln pfiffen schon gefährlich nah vorbei. Jetzt mußten wir erst einmal Pause machen und uns etwas erholen, soweit dies möglich war. Wir sind dann in der nächsten Nacht über die Grenze nach Bayern und haben uns von dort nach Stüblhäuser bei Sonnen durchgeschlagen. In Sonnen war mein Vetter Eduard Fruth als Pfarrer und den hatte ich früher schon einige Male besucht.

In Stüblhäuser sind wir in ein Haus gegangen, in dem ich schon einmal war und habe mich erkundigt, ob ich nach Sonnen hineingehen kann. Unter keinen Umständen, wurde mir gesagt, überall sind Amerikaner und es ist Ausgangssperre und die legen jeden um, der ohne Genehmigung herumläuft. Nur wenige Stunden am Tag dürfte man sich außer den Häusern aufhalten und etwas erledigen. Da habe ich einen Zettel an den Pfarrer Fruth geschrieben und eine Frau hat ihn dann nach Sonnen in den Pfarrhof gebracht.

Am Mittag kam dann Pfarrer Fruth und brachte mir das Gewand von seinem Kooperator, der aber leider gefallen war. „Dös ziagst an. Du kannst aber nöt auf der Straß gehn, Du muaßt auf dem Feldweg gehn. Wenn die Friedhoftür offen ist, gehst einfach durch zum Pfarrhof!"

Am nächsten Tag, so gegen zwei Uhr nachmittags, bin ich dann zum Pfarrhof hin. Mein Vetter hat mich dann informiert, was jetzt hier los ist, wie sich die Amis verhalten, er gab mir auch etwas zu Essen für mich und meine Kameraden.

Pfarrer Fruth hat mich dann sogar den Amerikanern als durchreisenden Kaplan vorgestellt und dann habe ich mit den Amerikanern gemeinsam zu Abend gegessen.

Endlich in der Heimat

Am nächsten Tag sind wir von Stüblhäuser wieder weitermarschiert, alle drei noch immer in unserer Monteurskluft, die wir in dem österreichischen Ferienheim umgetauscht hatten. Natürlich sind wir wiederum mehr geschlichen, als auf der Straße gelaufen. Der Krieg war erst zwei Wochen vorbei und die Amis haben immer noch Angst gehabt, sie werden von versprengten Soldaten beschossen. Daher wurde die Ausgangssperre streng überwacht. Wir sind dann Richtung Jandelsbrunn, Grainet und Hintergrub etwa zwanzig Kilometer weit gekommen, das war viel. Auf einer Lichtung standen drei Häuser und bei dem einen ein Stadel. Dort wollten wir übernachten. Im Inneren war der Stadel durch eine Bretterwand abgetrennt. In dem einen Teil stand ein Kastenwagen, auf dem eine Pferdedecke lag. Die nahmen wir, legten uns ins Stroh und deckten uns zu. Plötzlich begannen hinter der Trennwand mehrere Menschen laut zu beten und bald war uns klar: Die halten hier eine Maiandacht. Da haben wir einfach mitgebetet. Ich glaube, so innig haben wir drei in unserem ganzen Leben noch nicht gebetet. Dann haben wir wie tot geschlafen.

Am nächsten Morgen sind wir in aller Früh weiter und kamen bis in die Nähe von Schönberg. Diesmal haben wir uns für eine Nacht bei der Schönberger Mühle verkrochen. Die haben uns aber bemerkt und gaben uns sogar eine Hirgstsuppe. Sie haben uns dann auch gesagt, wie wir am besten auf Schleichwegen weiterkommen und wo die Amis am wenigsten kontrollieren. Dann gaben sie uns noch Brot und wir konnten uns auch rasieren, denn wir hatten uns seit drei Wochen nicht mehr rasiert und mit diesen Bärten wollten wir doch nicht nach Kirchberg kommen.

Der Kranzltag 1945

Am nächsten Tag war Fronleichnam, der Kranzltag 1945. Es regnete in Strömen. Wir sind dann bis Fürstberg bei Eppenschlag gegangen, immer noch auf Deckung achtend. Auf der Straße kam die Fronleichnamsprozession, gleichzeitig tauchten aber Amis auf, lauter baumlange Farbige. Was machen wir jetzt? So kurz von zu Hause entfernt wollten wir unter keinen Umständen mehr in Kriegsgefangenschaft geraten. Da bin ich auf die Frauengruppe in der Prozession zu und sagte zu einem alten Muatterl: „Geh Muatterl, leich ma schnell amal dei Regendacherl!" Die anderen taten das gleiche. Wir haben dann die Regenschirme ganz weit heruntergehalten. Die Amis fuhren schließlich vorbei und wir kamen unbemerkt auf die andere Straßenseite. Wir sind dann weiter nach Kirchdorf, hinten um Mitterbichl herum und von hinten her an unser Haus geschlichen. Dann sind wir in den Stall hinein und haben uns zuerst einmal staad gehalten. Ich war jedenfalls daheim!

Nach etwa einer halben Stunde kam meine Schwester in den Stall. Als sie mich sieht, tat sie einen Schrei und sagte nur: „Gott sei Dank, daß Du da bist!" Doch sie erzählte uns gleich, daß sie im ersten Stock oben Amerikaner einquartiert hätten und daß wir uns ja nicht sehen lassen sollten. Die fahren tagsüber öfter weg. Wenn sie weg sind, bringe sie etwas zu Essen. Schließlich kam nach einiger Zeit auch mein Vater. Er meinte, wir sollten uns im Heu erst einmal ausschlafen. Das taten wir dann drei Tage lang. Dann wurden die Amis alle aus den Privatquartieren ins Schulhaus verlegt.

Natürlich war unsere Stimmung jetzt prächtig. Wir haben uns immer gesagt: Ist das ein Glück, das wir durchgekommen sind. Am 9. Mai sind wir bei Iglau nach der nächtlichen Schießerei losgegangen und am 31.

Kirchberg im Wald im Jahre 1949.

Mai waren wir zu Hause. Ganze 23 Tage sind wir gekrochen, marschiert, gelaufen, haben uns immer wieder gegenseitig aufgerichtet und angefeuert, haben fast alle Nächte auf dem bloßen Waldboden geschlafen, ohne Zeltplane, nur uns eng aneinandergedrückt gegenseitig wärmend. Nicht einer von uns hatte einen Mantel dabei. Im Wald hatten wir als alte Waldler immer nach Rehfütterungen gesucht, da gab es meist etwas Heu und ein kleines Dacherl, unter das man kriechen konnte. Der in der Mitte lag, hatte es am besten, der wurde von zwei Seiten gewärmt. Auf diesem Platz wurde täglich abgewechselt. Niemals haben wir ein Feuer gemacht, um uns nicht zu verraten. Warmes Essen gab es nicht. Trotzdem: Keiner ist krank geworden, wir waren nur schwach bis auf die Knochen. Ich wog bei meiner Heimkehr gerade noch 103 Pfund! Aber wir waren glücklich, wir hatten das beinahe Unglaubliche geschafft!"

Der Entlassungsschein

„Wir waren zwar jetzt in der Heimat, aber ohne Entlassungsschein galten wir immer noch als Soldaten. Wir brauchten also unbedingt jeder einen Entlassungsschein, um wieder ein normales Leben führen zu können. Wo gibt es die aber? Wir hörten, Entlassungsscheine werden in Zwiesel für den Landkreis ausgestellt. Der Kramer Otto Schiller hatte einen Opel P 4 und auch eine Fahrgenehmigung. Seine Frau Kathl hat uns also mit nach Zwiesel genommen. Da war in der Bahnhofstraße eine Baracke, dort wo jetzt das Gymnasium steht, da wurde man registriert und mußte Personalien, Truppenteil, Dienstrang und letzte Einheit angeben. Dann wurde uns gesagt: „Hier wird nur registriert, den Entlassungsschein gibt es in Sonndorf bei Freyung in einem Lager."

Wir haben dann in Zwiesel übernachtet, bekamen sogar ein amerikanisches Kommisbrot und eine Eierspeise und am nächsten Tag wurden wir mit 23 anderen auf einen Lkw verfrachtet und nach Freyung gefahren. Bevor wir aber abfuhren, kam die Kathl Schiller aus Kirchberg nochmals vorbei und brachte uns sogar einen Laib Brot, damit wir etwas zu essen hatten.

In Sonndorf war ein Stadel mit einer Feldküche, davor eine Wiese, auf der Hunderte auf den Entlassungsschein warteten. Wir hatten uns daheim noch jeder eine Zeltplane besorgt, damit wir einen Wetterschutz hatten. In Sonndorf begann es plötzlich ganz stark zu regnen. Da haben wir schnell unsere Zeltplanen zusammengeknüpft und uns unter das Dreierzelt verkrochen. Doch es hörte nicht zu regnen auf. Als ich wieder einmal durch einen Spalt des Zeltes schaue, was das Wetter macht, sehe ich in der Nähe zwei Männer hocken, die schon ganz naß waren. Der eine war mir bekannt, es war der Arzt Dr. Damerich vom Krankenhaus in Zwiesel. Da haben wir kurz beratschlagt und dann die zwei zu uns ins Zelt gelassen. Nun ging es zwar ganz eng her, aber es wurde wenigstens warm. Der Begleiter von Dr. Damerich war der damalige Lehrer Georg Priehäußer aus Zwiesel, der später als bekannter Geologe und Biologe sogar mit dem Ehrendoktor ausgezeichnet wurde.

Die beiden warteten auch auf den Entlassungsschein, doch mußten sie noch etwas länger warten als wir, da sie Parteimitglieder gewesen waren. Wir bekamen den Schein nach drei Tagen und sind dann wieder von den Amis auf einem Lkw heimgefahren worden.

Die uns fahrenden farbigen US-Soldaten wollten immer etwas von uns, aber wir verstanden sie nicht. Bis ein anderer mitfahrender Soldat herausbrachte, daß sie uns um Hühnereier baten. Zu was sie die wollten, wußten wir nicht. Da sagte ich, daß wir zu Hause Hühner hätten und sie sollten uns gleich nach Kirchberg fahren. Ich habe dann meiner Schwester den Zusammenhang erklärt. Sie hat dann aus dem Stall drei Hühnereier gebracht. Wir sind abgestiegen, die anderen wurden nach Zwiesel weitergefahren. Jetzt waren wir wieder normale Menschen und keine Soldaten mehr. Jetzt konnten wir einen Ausweis und, was noch wichtiger war, Lebensmittelkarten beantragen."

Bürgermeister wider Willen

Endlich war für Max Binder der Krieg endgültig vorbei und er konnte daran gehen, ein normales Leben zu führen, soweit dies acht Wochen nach Kriegsende möglich war. Da erhielt er Mitte Juli 1945 eine Vorladung der US-Militärregierung zu einer Besprechung nach Zwiesel in die dortige Kommandantur. Sie war in der Landwirtschaftsschule untergebracht, welche sich direkt neben der Glasfachschule befand. Die schriftliche Vorladung galt gleichzeitig als Erlaubnis, sich zwischen Kirchberg und Zwiesel frei bewegen zu dürfen. Den Ablauf dieses denkwürdigen Tages beschreibt Max Binder so:

„In der Kommandantur wurde ich in das Dienstzimmer des Militärkommandanten geführt, eines Captains Scaf. Dieser saß hinter seinem Schreibtisch, ich mußte auf einem Stuhl gegenüber Platz nehmen. Sonst waren noch drei weitere US-Offiziere anwesend, darunter ein fließend deutsch-sprechender CIC-Mann, also ein Angehöriger des US-Militärgeheimdienstes, der als Dolmetscher fungierte.

Ich wurde dann aufgefordert, über meine berufliche und politische Tätigkeit vor dem Krieg zu berichten. Ich habe also erzählt, daß wir zu Hause eine kleine Landwirtschaft haben, daß ich da gearbeitet habe, aber auch noch Geschäftsführer der Raiffeisen-Spar- und Darlehenskasse und nebenbei auch noch Mesner gewesen sei. Ich hätte keiner Partei angehört, lediglich dem Katholischen Burschenverein Kirchberg, wo ich Schriftführer und Kassier gewesen sei. Den Krieg hätte ich von Anfang bis zum Ende mitgemacht, und zwar fast ausschließlich in Polen und Rußland. Ich hätte zu einem bayerischen Infanterieregiment gehört, zuletzt als Feldwebel. Da tuschelten sie einige Zeit untereinander und dann sagte der Dolmetscher. „Das stimmt, was Sie hier erzählen, das haben wir auch so erhoben!" Dann stand der Kommandant auf und sagte zu mir in englischer Sprache, was der Dolmetscher so übersetzte. „Herr Binder,

Sie wurden uns von dritter Seite als Bürgermeister von Kirchberg vorgeschlagen. Sie sind also ab sofort Bürgermeister von Kirchberg!" Gleichzeitig legte er das metallene Gemeindesiegel von Kirchberg vor mir auf den Schreibtisch. Das lehnte ich aber sofort entschieden ab, ich sei jetzt sechs Jahre im Krieg gewesen, sei jetzt total abgemagert und wiege nur noch einen Zentner und drei Pfund. Der lange Fußmarsch nach Hause hätte mich völlig geschwächt. Ich sei schon gesundheitlich nicht in der Lage, dieses Amt zu übernehmen. Die Amis berieten nun wieder untereinander, dann wurde mir mitgeteilt: „Gut, wenn Sie wirklich krank sind, brauchen Sie das Amt nicht anzutreten. Dazu müssen Sie aber ein amtsärztliches Zeugnis bringen, daß sie krank sind." Damit war ich vorerst entlassen.

In Zwiesel war kein Amtsarzt, also mußte ich nach Regen. Die Fahrt von Kirchberg nach Zwiesel hatte ich mit meinem alten Fahrrad unternommen, das ich extra aus dem Schupfen hinter dem Haus herausholte und soweit herrichtete, daß man nach Jahren wieder damit fahren konnte. Damals war zwischen Kirchberg, Regen und Zwiesel keine Straße asphaltiert. Durch die vielen Militärfahrzeuge waren die Straßen und Wege oft in einem miserablen Zustand. Also fuhr ich mit dem Fahrrad nach Regen zum Amtsarzt und habe dem erzählt, was die Amerikaner mit mir vorhaben und daß ich von ihm eine Bescheinigung brauche, daß ich hierzu nicht in der Lage sei. Ich sei krank und schwach und könne dieses Amt nicht übernehmen. Ich möchte meine Ruhe haben und mich nicht um Lebensmittelmarken und so Zeug kümmern müssen. Zudem wäre ich für den Posten eines Bürgermeisters völlig ungeeignet. Ich sei seit zwei Jahren nicht mehr in Urlaub gewesen, ich wüßte gar nicht, was hier jetzt eigentlich los ist.

Der Arzt hat sich das angehört, hat mich etwas abgehört und dann hat er überlegt und gefragt. „Wie sind Sie denn nach Zwiesel und dann hierher gekommen?" Als ich antwortete: „Mit dem Fahrrad" Da meinte er, ich sei zwar geschwächt., aber krank sei ich nicht, denn wer solche Strecken mit dem Fahrrad fahren kann, der kann nicht krank sein. Aber er werde mir etwas schreiben. Das Schreiben tat er in ein Kuvert, klebte es zu und ich fuhr zufrieden ab in der Meinung, daß der Doktor doch noch ein Einsehen mit mir gehabt habe.

Voller Freude fuhr ich also nach Zwiesel zurück und übergab das Kuvert den Amerikanern. Sie öffneten es und dann sagte mir der CIC-Mann: „Daß Sie geschwächt sind, haben wir selbst gesehen. Aber damit sind Sie doch durchaus in der Lage, den Bürgermeister zu machen." Dann erhob sich der Kommandant und sagte: „Jetzt fahren Sie nach Hause und machen den Bürgermeister von Kirchberg!" Und damit legte er mir wieder da Dienstsiegel vor mich hin. Ich antwortete sofort: „Nein, ich kann den Bürgermeister nicht machen, ich kann es nicht, gesundheitlich und auch so nicht!" Da erhob sich der CIC-Mann und sagte in scharfem Ton: „Der Kommandant hat entschieden: Entweder Sie machen den Bürgermeister oder Sie werden wegen Nichtausführung einer Anordnung der US-Militärregierung ins Lager nach Tittling gebracht!" Was wollte ich da machen? Ich sagte dann: „Wenn es so ist, dann mache ich halt den Bürgermeister. Überall will ich hin, nur nie mehr in ein Lager." Dann habe ich das Dienstsiegel genommen, habe es in die Hosentasche gesteckt und bin heimgeradelt.

Zu Hause kamen mir wieder Zweifel, doch der Vater meinte: „Mei, Bua, bevor sie dich nochmals einspirrn, dann versuachs halt, Es wird scho werdn!" Ich habe zunächst die Sache eine Nacht überschlafen. Am nächsten Vormittag bin ich dann in die Gemeindekanzlei gegangen. Das waren nur zwei Zimmer. Der alte Bürgermeister Engelbert Oswald war da und als ich kam, sagte er. „Ich hab scho g'hört, daß du iarzt der Bürgermeister bist!" Ich zeigte ihm das Dienstsiegel der Gemeinde und damit war ich Bürgermeister der Gemeinde Kirchberg im Wald. Den alten Bürgermeister hatten die Amis bereits abgesetzt, da er Parteigenosse gewesen war - ein anderer hätte im Dritten Reich gar nicht Bürgermeister werden können -, doch hatten die Amis angeordnet, daß er so lange im Amt bleiben müsse, bis ein neuer eingesetzt sei.

Der kommissarische Landrat. Zwiesel, den 21. Juli 1945.

An

Herrn Max Binder

in Kirchberg.

Betreff: Übernahme der Bürgermeistergeschäfte.

    Sie werden mit sofortiger Wirkung zum Bürgermeister der Gemeinde Kirchberg ernannt. Der mit den Bürgermeistergeschäften bisher betraute Herr Engelbert Oswald wird ab sofort seines Amtes als Bürgermeister enthoben. Sie wollen sich sofort mit ihm zwecks Übernahme der Bürgermeistergeschäfte in Verbindung setzen.

(Ludwig Dötsch)
kom. Landrat.

Schwieriger Beginn

Der Start ins neue Amt war mehr als schwierig. Die Besatzungsmacht hatte alle Gesetze und Verordnungen aus dem Dritten Reich außer Kraft gesetzt. Gesetz war ab sofort nur das, was die Militärregierung anordnete. Gleich nach dem Krieg hatten die Amis einen Dr. Klein als kommissarischen Landrat des Landkreises Regen eingesetzt, wahrscheinlich, weil dieser sehr gut Englisch sprach. Als dann die Entnazifizierungsberichte eintrafen, stellten die Amis fest, daß dieser Dr. Klein in der NSDAP gewesen war. Er wurde daraufhin sofort seines Amtes enthoben. Neuer kommissarischer Landrat wurde dann der Zwieseler Buchdrucker Ludwig Dötsch. Er ernannte mich mit Schreiben vom 21. Juli 1945 offiziell auch von deutscher Seite aus zum Bürgermeister von Kirchberg im Wald.

Beginn bei Null

Als die Amerikaner Bürgermeister Oswald seines Amtes enthoben, hatte der damalige Gemeindeschreiber im Backofen alle Akten der Gemeinde aus der NS-Zeit verbrannt. Da genügte oft ein Stempel mit dem Hakenkreuz drin, daß ein solches Schreiben im Feuer endete. Max Binder mußte also praktisch bei Null anfangen. Bei einer Durchsicht der Protokolle des Gemeinderates, die noch vorhanden waren, stellte er zunächst fest, daß von 1940 bis 1943 in jedem Jahr nur eine Gemeinderatssitzung stattgefunden hatte. Dabei ging es um die Hebesätze für die Grundsteuer A und B, also für die privaten und gewerblichen Grundstücke und um den Haushalt. Am Schluß wurde dann immer festgestellt: Im Einvernehmen mit Kreisleiter Glück ist Engelbert Oswald weiterhin Bürgermeister. Bei dieser einen Sitzung im Jahr blieb es. Die gemeindlichen Anordnungen wurden mehr oder weniger von der Partei, also der NSDAP, initiiert und erlassen.

Über die Startschwierigkeiten der Gemeindearbeit erzählt Max Binder: „Die Gemeinde war in zwei Räumen untergebracht und hatte schon

Telefonanschluß. Es war auch eine Gemeindeschwester da, der vom Roten Kreuz ein Moped zur Verfügung gestellt worden war. Einen Arzt gab es anfangs in Kirchberg noch nicht. Gemeindeschreiber war damals Georg Meier. Als man etwa ein Jahr nach Kriegsschluß bei der Entnazifizierung feststellte, daß dieser SA-Anwärter war, wurde er von den Amis sofort entlassen, obwohl er sicher kein Nazi war.

„Ich war gerade auf der Wiese beim Heuen. Da kam ein Jeep mit zwei amerikanischen Soldaten. Ich soll sofort einsteigen. Dann haben sie mich nach Zwiesel in die Militärkommandantur gefahren und mir eröffnet, daß Georg Meier als Gemeindeschreiber sofort zu entlassen sei. Die Familie Meier war eine mehrköpfige Familie und war auf den Lohn angewiesen. Was mache ich jetzt? Die wohnten im letzten Haus Richtung Untermitterdorf. Damit die Familie nicht auf der Straße steht, habe ich die Tochter Emmi als Gemeindeschreiberin eingestellt. Die dritte Kraft in der Gemeindeverwaltung war der Gemeindediener Johann Muhr. Probleme gab es in Hülle und Fülle. Da war zum einen die Markenverteilung, zum anderen das noch viel größere Problem der Unterbringung der Vertriebenen und Flüchtlinge. Kirchberg hatte zeitweilig mehr als 700 Vertriebene und Flüchtlinge beherbergt. Zunächst waren dies überwiegend Schlesier, welche im Kriege hierher evakuiert wurden. Nach Kriegsschluß kamen immer mehr Sudetendeutsche. Die einen waren durch Busch und Wald mit ihren Habseligkeiten herübergeschlichen und haben versucht, bei Verwandten unterzukommen. Später wurden die Deutschen von jenseits der Grenze dann zwangsweise umgesiedelt. Sie durften 30 kg Gepäck mitnehmen und wurden meist in Viehwagen über die Grenze gefahren. Über den Bahnhof Bayerisch Eisenstein kamen die Flüchtlingszüge bis Zwiesel, dort mußten die Menschen aussteigen und wurden auf das Umland verteilt. Am Bahnhof Zwiesel hatten die Amerikaner extra einen Flüchtlingskommissar eingesetzt, der diese Aufgabe erledigte.

Eines Tages sitze ich in der Gemeindekanzlei in Kirchberg. Da kamen Leute und sagten: „Oben auf dem Dorfplatz hält ein Lastkraftwagen. Da steigen Leute mit Gepäck herunter und fragten, was hier los sei. Man habe ihnen in Zwiesel gesagt, hier sei alles für ihren Empfang vorbereitet." Davon hatte ich noch mit keinem Wort etwas gehört. Wir hatten damals bei etwa 800 Einwohnern noch über 500 Leute aus Berlin und Schlesien hier. Auf dem Dorfplatz standen nun die Ausgestiegenen herum. Die Kinder riefen: „Wir haben Durst, gebt's uns wos zum Trinken" Was tun? Die Amerikaner hatten uns eine polnische Feldküche überlassen, welche im Danzerhof abgestellt war. „Dene mach ma erscht amal an Tee!" sagte ich. „Also, heizt die Feldküche an, ich gehe Tee holen." Ich lief zum Sailer, Pfeffer und wie die Kramer alle hießen, aber keine hatte auch nur ein Packerl Tee. Da ist mir eingefallen, daß wir früher auch aus Heublumen Tee kochten. Da bin ich zum Danzer in die Scheune gegangen und habe beim Heustock dann das Heugsandlat, also das, was beim Gstottschneiden herunterfällt, zusammengekratzt und eine Rogl voll gemacht. Mit dem haben wir dann Tee gekocht und dann hatte jemand noch einen Kunstzucker dabei, ein weißes Pulver, das kam hinein und dann kamen sie mit Tassen und Feldbechern. Das hat die Leute zuerst einmal beruhigt und einige sagten: „Das ist doch der erste Mensch herüben, der sich um uns kümmert. Woanders haben sie immer gesagt: Geht's furt, druckt's enk!" Wohin aber in der Nacht? Da war es naheliegend, daß wir sie zunächst im Danzersaal unterbrachten. Da wurde Stroh ausgebreitet und wir haben den Ofen angeheizt, denn es war schon kalt. Es war der September 1945. Dann wurde der Gemeindeschreiber losgeschickt: Wer kann noch jemand aufnehmen?

Leider war dies kein Einzelfall. Solche Transporte kamen jetzt laufend und die Unterbringung wurde immer schwieriger. Insgesamt 400 Sudetendeutsche mußten wir nach und nach aufnehmen. Die Einheimi-

Diese beiden Fotos wurden Ende der 30er Jahre aufgenommen. Aber etwa genau so sah es noch aus, als Max Binder als Bürgermeister eingesetzt wurde.
Oben der Klosterweg. Gerade voraus die Danzervilla, hinter der der Kamin der Brauerei hervorragt. In dem hölzernen Gebäude ganz rechts war die Saatgutreinigungsanlage untergebracht
Darunter eine Aufnahme etwa vom gleichen Standpunkt. Das Foto zeigt die Kirchberger Dorfstraße, die noch ungeteert war.

schen waren größtenteils aufgeschlossen. Viele sagten: Gott sei Dank, jetzt ist der Krieg vorbei, wir brauchen nicht mehr zu verdunkeln, niemand wird mehr eingezogen. Doch je mehr kamen, desto schwieriger war ihre Unterbringung. Da mußte ich mehrmals selber losgehen und die Leute bitten: Nehmt's holt d Leut auf! Seids froh, daß die zu uns umgesiedelt wer'n und nöt mir über die Grenz hinüber". Wenn es gar nicht ging, dann bat ich wenigstens um ein Quartier für einige Tage, bis wir etwas anderes gefunden hätten. Manchmal zogen auch welche wieder weg und zu Bekannten und Verwandten, die sie gefunden hatten. Es war eigenartig: Ich fand bei großen Familien meist mehr offene Ohren als bei kleinen. Da kam eine Familie Arnold mit sechs Kindern. Die haben wir im alten Hirtenhäusl in Mitterbichl untergebracht. Da bin ich dann im Dorf herumgelaufen und habe bei den Leuten um Milch und Kartoffeln für diese Familie gebeten, zumal der Vater krank gerade aus der Kriegsgefangenschaft gekommen war. Beinahe alle haben geholfen.

Damals waren auch noch ehemalige polnische Kriegsgefangene in der Gemeinde, die früher bei den Bauern arbeiten mußten, wo der Mann eingezogen war. Wir hatten selbst einige Zeit einen Franzosen. Mein Vater war alt und die Schwester hatte die Raiffeisenkasse. Die Amerikaner riefen dann die Polen auf, wieder in ihre Heimat zu gehen. Doch nur etwa die Hälfte folgte der Aufforderung. Teilweise kam es auch zu Übergriffen der Polen gegenüber ihren früheren Arbeitgebern, wenn diese sie schlecht behandelt hatten oder die Polen glaubten, es wäre so gewesen. Doch nach und nach verließen auch die letzten ehemaligen Kriegsgefangenen das Dorf.

Alle Vertriebenen, die zu uns kamen, mußten wir am nächsten Tag registrieren. Sonst haben sie keine Lebensmittelmarken bekommen. Später mußten sie auch angeben, woher sie kamen, was sie dort besessen hatten und umfassend über ihre Herkunft Auskunft geben.

Statt Polizei ein Feldhüter

Es ist klar, daß die erste Zeit ziemlich unruhig war. Viele, die einst eingesperrt waren, liefen frei herum, auch Kriminelle. Und dann hatte beinahe jeder Hunger. So kam es immer wieder zu Diebstählen. Die Polizei war außer Dienst gesetzt worden. Da ordneten die Amerikaner an, daß wir einen Feldhüter aufstellen müssen, zur Aufrechterhaltung der öffentlichen Sicherheit. Bedingung war: Er durfte nicht in der Partei gewesen sein und mußte mit einer Schußwaffe umgehen können. Da haben wir einen Jäger vorgeschlagen, den Lois Rager aus Unternaglbach. Doch die Amis wollten für den Feldhüter kein Gewehr herausgeben, der Rager Lois hatte aber noch eines versteckt. Das hätte er wie wir alle schon längst abliefern müssen. Da sagte ich der Militärkommandantur: Der ist jetzt erst aus Gefangenschaft gekommen. Seine Frau wußte nicht, wo er das Gewehr versteckt hat, aber er hat noch eines. Damit waren die Amis einverstanden und so blieb der Rager Lois bis zur Währungsreform Feldhüter und für die Sicherheit der Gemeinde Kirchberg verantwortlich."

Versorgung wurde immer kritischer

Je mehr Vertriebene in das Grenzland kamen, desto kritischer wurde die Versorgung. So wurde Bürgermeister Max Binder mit anderen wieder einmal in die Militärkommandantur bestellt. Max Binder erinnert sich: „Der Kommandant stand auf und sagte: „Sie wissen, daß die Gesetze aus der Zeit des Nationalsozialismus aufgehoben sind. Für Sie gilt jetzt nur noch ein Gesetz: Sie haben dafür zu sorgen, daß alle Leute unterkommen und nicht verhungern. Wenn das irgendwo nicht funktioniert, dann fühlen wir uns als Siegermächte verpflichtet, für Ruhe und Ordnung zu sorgen. Wir werden den Deutschen lernen, wie man gemeinsam miteinander umgeht. Die Leute unterzubringen, das ist nicht unser, sondern Ihr Problem. Daß die Leute aber nicht verhungern, dafür werden wir sorgen und dazu fühlen wir uns verpflichtet. Sie haben in Ihrem Bereich dafür zu sorgen, daß die Ablieferungspflicht erfüllt wird". Dann gab er bekannt, daß die Ablieferungspflicht aus dem Krieg verlängert und zum Teil sogar erweitert wird. Und sofort ordnete er an: „Jedes Kind bis zu fünf Jahre erhält neben seinen Fettmarken pro Tag einen Liter Milch. Sie haben dafür als Bürgermeister zu sorgen, daß dies sichergestellt wird."

Da habe ich zu Hause zuerst einmal einen Ortsbeauftragten eingesetzt. Das war ein älterer Bauer, von dem wir annahmen, daß er mit den Leuten reden und sich um die Sache annehmen kann. Dann haben wir in jedem Dorf einen bestimmt und alle Ortsbeauftragten dann zusammengerufen und ihnen ihre Aufgabe klar gemacht. Zunächst mußte eine genaue Viehzählung vorgenommen werden: Größe des Hofes, Anzahl der Pferde, Rinder, Schafe, Ziegen, Kleinvieh und der auf den Hof lebenden Personen. Diese Aufstellungen haben wir dann an das Ernährungsamt A in Regen geliefert. Das Ernährungsamt A war für die Erfassung der Lebensmittel zuständig, das Amt B für die Verteilung. Wir haben dann festgesetzt, was jeder Hof abzuliefern hat.

Damit die Bauern auch ihr Abliefersoll erfüllten, ordneten die Amis an: Wer sein Abliefersoll nicht erfüllt, bekommt keinen Schlachtschein, der konnte also kein Schwein schlachten. Da kam manchmal einer und sagte: „Göi, gib mir an Bescheinigung über mein Abliefersoll, damit ich an Schlachtschei kriag! Ich liefer morgen den Rest o". Ich ließ mich mitunter erweichen und wartete oft vergeblich auf die Ablieferung.

Dann kam die nächste Anordnung: Bei allen Höfen sind genaue Bestandserhebungen durchzuführen: Wieviel Grund, wieviel davon Acker, Wiese, Wald. Sofort wurden danach die größeren Waldbesitzer zur Ablieferung von Brennholz verpflichtet. Wer weniger als zehn Hektar Wald hatte, brauchte nichts abzuliefern. Der Bauernwald war ja nach dem Kriege völlig abgewirtschaftet.

Die Militärregierung zählte die Grundstücksgrößen zusammen und stellte bei uns fest, daß die Flächen aller Höfe nicht der Größe der Gemeindefläche entsprachen. Wir hätten falsche Angaben gemacht.

Eine Nacht lang sind wir zusammengesessen und haben beratschlagt, was wir jetzt machen. Da kam mir ein Gedanke: In der Gemeinde gab es ja Flächen, die niemand nutzen konnte, den Friedhof, Sumpfbereiche, Bachläufe. Ich habe dann das Vermessungsamt Zwiesel gebeten, diese Flächen einmal für Kirchberg herauszurechnen. Das waren über 100 Hektar und jetzt konnten wir unser Ablieferungssoll wesentlich vermindern.

Am 16. April 1948 ordnete die Militärregierung an, daß die Gemeinde bis zum nächsten Monat 40 Stück Großvieh abliefern muß. Wieder besprachen wir mit den Dorfältesten die Sache und kamen dann zu dem Schluß: Wir liefern die 40 Stück ab, aber nur die älteren und schlechteren werden abgegeben, die sog. Rückerl. Das ging dann so vor sich: Ein Bauer mit guten Kühen gab seine Kuh für 1 200 DM einem der eine schlechte hatte, die dieser dann ablieferte. Mit Ach und Krach haben wir die 40 Stück zusammengebracht.

Bürgermeister Max Binder spricht zur Einweihung des neuen Kriegerdenkmals in Kirchberg i. W. anfangs der 50er Jahre. Im Hintergrund die Fahnenabordnungen aus dem gesamten Landkreis Regen. Rechts im Bild Chorregent Josef Ertl.

Am 26. Oktober 1946 kam eine Anordnung der Militärregierung zur Ablieferung von Kartoffeln. Die Kartoffelversorgung war eine große Katastrophe. Die Flüchtlinge, die bei den Bauern untergekommen waren, hatten meist genügend, besonders wenn sie mithalfen. Aber in den Orten Eisenstein, Zwiesel, Frauenau, wo keine Landwirtschaft war, da gab es zwar Kartoffelmarken, aber niemand hatte welche zum Verkaufen. Da wohnten die Holzhauer und Glasmacher und wenige Bauern.

Nun wurde bekannt: Es kommt eine Kommission aus Zwiesel, darunter die führenden Mitglieder der KPD im Landkreis, die besuchen die Gemeinden und kontrollieren die Keller, wenn das Ablieferungssoll nicht erfüllt werden kann. Ich appellierte an die Bauern: Die kommen und prüfen die Keller, wenn wir nicht unser Soll erfüllen. Da meinten die meisten: „Host recht, Burgamoasta, kontrollieren lassen wir uns nöt und beschlagnahma scho glei gornöt!" Wir haben dann drei Lkw voll Kartoffeln zusammengebracht, den größten für Zwiesel, den zweitgrößten für Frauenau und den kleinsten für Bayerisch Eisenstein. Das hat den Amis schwer imponiert und der Kommandant sagte zu mir: „Wenn man so Demokratie entwickeln kann, dann werdet Ihr auch wieder auferstehen können!"

Die Kommission ist dann tatsächlich in die Gemeinden gefahren und hat die Kartoffelbestände kontrolliert. Da gab es viel Streit. In den Kellern war oft nicht zu überprüfen, wie hoch die Kartoffeln lagen, einen Meter hoch oder gar zweieinhalb? Die Leute sagten: „Was wollt's denn. Mir ham as ganze Johr g'arbat und iarzt kammats ihr und tats uns dö Erpfel nehma!"

Sühneversuche

Überall, wo Menschen zusammenleben, gibt es mitunter Streit. Damit nicht jeder gleich zum Gericht läuft, hat man als Hemmschwelle vorher den Sühneversuch eingebaut. Da werden bei nichtigeren Anlässen die beiden Parteien vor das Gemeindeoberhaupt vorgeladen und dann wird versucht, die Angelegenheit gütlich zu regeln. Doch, wie sich auch in der

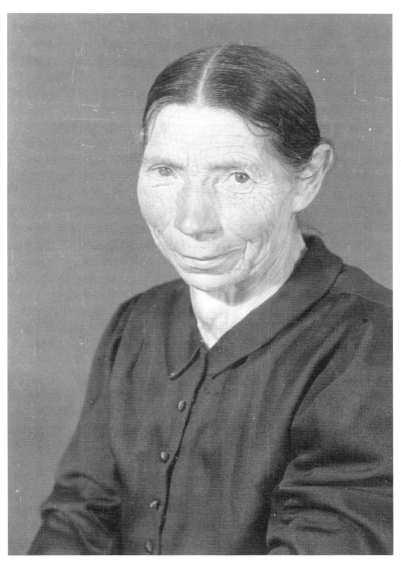

Lena Preiß von Stadlhof: „Derf i alles sogn, wos i sogn will?"

Amtszeit von Bürgermeister Max Binder zeigte, war dies nicht immer einfach und auch nicht immer von Erfolg gekrönt. Er schildert aus den zahlreichen Sühneterminen, die er in seiner Amtszeit abhalten mußte, einen guten und einen weniger guten Fall:

„In Stadlhof wohnten die beiden Schwestern Preiß. Die hatten einen langen Streit mit ihrer Nachbarin, einer Frau Schiller, die mit Mann und Kind in einer Austragswohnung im Nachbarhaus wohnte. Schließlich erkundigte sich eine der Preiß-Schwestern, ob sie die Nachbarin verklagen könne. Ich habe zuerst zur Mäßigung gemahnt und habe ihr klargemacht, daß vorher ein Sühneversuch auf dem Rathaus stattfinden müsse und der koste 22 DM und zwar 20 Mark der Sühneversuch und zwei Mark für den Gemeindediener, der die Termine bekanntgeben müsse. Die schuldige Partei müsse dann das Geld bezahlen. Komme es zu einem Vergleich, dann zahlt jeder die Hälfte.

Also, zum angesetzten Sühnetermin erschienen beide Frauen in meinem Amtszimmer. Ich habe ihnen nochmals alles erklärt und ihnen gesagt: Jetzt sollen sie sich noch einmal richtig aussprechen. Jeder könne das vorbringen, was er dem anderen gegenüber sagen wolle und dann werden wir versuchen, den Streit beizulegen.

Kaum hatte ich geendet, da ging es los: „Ja, dös Arschloch, tat...", aber weiter kam die eine nicht, da begann schon die andere. „I gieb Dir glei a Arschloch, Du Drecksau, Du!" und so ging es hin und her mit den wüstesten Beschimpfungen. Da schritt ich ein und wollte diese Redensarten unterbinden. Da meinte die Preiß-Lena: „Ja., Burgermoasta, Du host gsagt, daß i do alles sogn derf, was i sogn will!" Und als ich nickte, drehte die Preißin sich zu ihrer Kontrahentin um, deutete mit dem Finger auf sie und schrie los: „Du konnst mi am Arsch lecka, am Arsch konnst mi lecka, hundertmal konnst mi am Arsch lecka und kreuzweis dazua!" Das ging noch eine Weile zu, bis ihr die Luft ausging. Dann hielt sie inne, drehte sich zu mir um und sagte mit einem tiefen Schnauferer: „So, iarzt is mir wohla! Und iarzt zohl i dö 20 Mark!" Holte den Geldbeutel heraus und legte das Geld auf den Tisch. Dann sagte ich den beiden, daß die Sache jetzt erledigt sei und sie sich die Hände geben sollten. Das taten sie auch und dann gingen sie munter miteinander plaudernd nach Hause. Der Sühneversuch war geglückt.

Bei einem anderen hatte ich weniger Glück. Dabei handelte es sich um zwei Bauern in den besten Jahren, von denen der eine dem anderen vorwarf, er habe den Grenzstein an seinem Feld verrückt. Ich habe ihnen vorher wieder alles klargemacht und sie dann aufgefordert, daß nun jeder seinen Standpunkt vortragen könne. Doch kaum waren einige Worte gewechselt, da gingen die beiden aufeinander los. Die Fäuste flogen. Ich sprang hinter meinem Schreibtisch vor, riß die Türe auf und schob sie hinaus, so gut das bei dem Gerangel ging. Kaum waren sie aber auf der Straße, da ging der Zweikampf aber erst richtig los. Mit Händen und Fäusten und alles, was sie erwischten, droschen sie aufeinander ein. Die Kleider gingen in Fetzen, Blut floß und die Leute liefen zusammen. Der Sühneversuch war offensichtlich gescheitert!

Unterschrift: Drei Kreuze

Man glaubt es kaum, aber in den ersten Jahren meiner Amtszeit als Bürgermeister kam es immer wieder vor, daß Gemeindebewohner etwas unterschreiben mußten, die aber gar nicht schreiben konnten. Die unterzeichneten dann mit drei Kreuzen. Ich mußte dann darunter bestätigen, daß der Einwohner oder die Einwohnerin unserer Gemeinde die drei Kreuze in meinem Beisein gemacht hat. Einige ganz Alte oder sehr Kranke brachten nicht einmal die drei Kreuze zusammen. Diese machten dann deren Sohn oder Tochter für sie. Ich mußte dann bestätigen: „In Ermangelung der nötigen körperlichen und geistigen Kräfte ist eine eigene Unterschrift nicht möglich."

Kirchberg-Fotograf Josef Pfeffer

Die Gemeinde Kirchberg im Wald kann sich glücklich schätzen, daß die Zeit vor und nach dem letzten Weltkrieg von einem begnadetem Fotografen für die Nachwelt im Bild festgehalten wurde. Es war dies der

Kaufmann Josef Pfeffer (1913 – 1980), der schon als Schüler im Institut der Englischen Fräulein in Fürstenstein von einer fotokundigen Lehrerin für die Fotografie begeistert wurde. So ist es kein Wunder, daß viele Fotos in diesem Buch von Josef Pfeffer stammen.

Als nach dem Kriege auf Anordnung der amerikanischen Militärregierung neue Personalausweise ausgegeben wurden, stieß dies in Kirchberg auf Schwierigkeitn: Es gab keine Fotografen, der die Paßbilder hätte machen können. Da bat man Josef Pfeffer, der noch aus der Vorkriegszeit eine Leica besaß, doch die Fotos zu machen. Und er tat dies. Diese Fotos sind keine bloßen Abbildungen, sie sind Charakterfotos geworden. Einige aus der großen Reihe sind hier abgebildet. Natürlich haben die Leute damals ihr bestes Gewand angezogen, wenn sie schon für einen Ausweis „abfotografiert" werden sollten.

Die Fotos von links oben im Uhrzeigersinn: >
Auguste Schreiner, Bäuerin aus Reichertsried
Xaver Schröck aus Höllmannsried war Ofensetzer. Wenn der etwas getrunken hatte, sang er immer:

Mei Handwerk, das ist halt ein Binder,
Mei Handwerk geht Sommer wie Winter,
Mei Handwerk das bringt mir wos ein,
Drum tut mi mei Handwerk so g'frein!

Dazu hat er den „Binder geschlagen", das heißt er schlug zum Takt mit Händen und Ellbogen auf die Tischplatte.

Das freundliche Gesicht links unten gehörte einer Hintbergerin, welch später von dort wegheiratete. Leider konnte ihr Name nicht mehr ermittelt werden.

Maria Muhr war die Mutter des Gemeindedieners. Ihr Mann Johann war das, was man früher einen Kraxentrager nannte. Er hat Eier aufgekauft und Botengänge gemacht und dazu brauchte er eine Kraxe, mit der er die Sachen auf dem Rücken trug.

Joschka Müller. Dieses Porträt beeindruckt vor allem durch den großen Kropf, den diese 1945 nach Kirchberg gekommene Heimatvertriebene hatte. Sie wohnte im unteren Ortsteil im Sailerhaus.

Katharina Karlsdorfer war als Lehrer-Kathi allgemein bekannt. Sie wohnte in der Schule und war Magd bei Lehrer Hämel. Der Lehrer hatte eine Kuh, und die hat die Kathi versorgt, wie natürlich den größten Teil des Haushalts. Mittag hat sie auch auf die Schulkinder aufgepaßt. Sie war eine Seele von einem Menschen. Die Kathi war ein Leben lang nur Magd und als sie alt war, bekam sie nicht einmal eine Rente.

Georg Stecher aus Hangenleithen war ein echtes Original. Sein Spitzname war „Dickl". Er besaß eine gute Landwirtschaft, war aber sehr sparsam. Wenn er von der Kirche heimging und auf der Straße einen trockenen Kuhfladen fand, hob er ihn auf und nahm ihn mit nach Hause in der Joppentasche. Später hat er geheiratet und zwei Kinder angenommen. Er besaß zwei Ochsen und mehrere Kühe. Als sich einmal eine Jungkuh den Fuß brach, rief er dem Nachbarn: „Geh ummi, hol den Herrn. Da Fuaß is brocha!" Der Nachbar ging los und holte den Pfarrer, der Dickl hatte aber mit „Herrn" den Danzer gemeint. Der Pfarrer ist gleich zu dem vermeintlichen Versehgang aufgebrochen. Als er durch Unterneumais ging, haben sie die Glocke geläutet. Als dies der Dickl merkte, daß der falsche Herr gerufen wurde, legte er sich schnell in Unterhosen ins Bett und markierte den Kranken, wo ihn der Pfarrer dann auch die Sterbesakramente spendete.

Jakob Ertl von Hangenleithen. Der half immer seinem Vater, welcher eine Dreschmaschine besaß, die aber mit Vorspann von Anwesen zu Anwesen gefahren werden mußte.

Ein Ehrenamt

Von 1945 bis 1960 war ich also 1. Bürgermeister von Kirchberg. Das war damals natürlich ein Ehrenamt. Als ich 1960 aufhörte, bekam ich als Bürgermeister pro Monat genau 162 DM, davon waren 100 DM versicherungspflichtig. 50 DM waren als Aufwandsentschädigung steuerfrei. Davon hat man natürlich nicht leben können. Ich bekam aber noch monatlich 100 DM als Rechner des Darlehenskassenvereins Kirchberg. Damit war aber auch die Miete in unserem Haus, Strom und Heizung abgegolten. Weitere 100 DM erhielt ich Aufwandsentschädigung als stellvertretender Landrat. Hätten wir nicht unsere drei Kühe gehabt, so wären wir nicht ausgekommen, hatten wir doch drei Kinder auswärts in Ausbildung.

Heute wäre ein Monatsetat von rund 350 DM für eine fünfköpfige Familie nicht mehr vorstellbar.

Liebe auf den ersten Blick

„Nach dem Krieg war beim Gasthof Danzer zweimal in der Woche Gesellschaftstag, und zwar am Mittwoch und am Sonntag. Ich war damals schon Bürgermeister und konnte vor allem am Sonntag da nicht immer teilnehmen. Da kamen die Leute von den umliegenden Dörfern und wollten mich als Bürgermeister, noch mehr in meiner Eigenschaft als Geschäftsführer der örtlichen Raiffeisenkasse sprechen. Zu den Gesellschaftstagen haben sich die Männer meist ein Stück Brot von zu Hause mitgenommen und im Gasthaus nur ein Bier bestellt. Da kamen die Handwerker, die sich um Aufträge bemühten oder Außenstände eintrieben, natürlich auch die Bauern, die eine Baumaßnahme am Haus vorhatten.

Zu Essen gab es im Gasthaus 1945 noch wenig, noch dazu waren die Markenzuteilungen sehr gering. 1946 hatte sich das schon etwas gebessert. Die Markenzuteilungen wurden erhöht und beim Danzer hatte man zudem eine eigene Ökonomie und eine Metzgerei und bekam auch für die Beschäftigten höhere Zuteilungen. 1946 besserte sich dann das Speisenangebot. Die Kälber waren damals sehr billig. Da gab es dann schon manchmal am Sonntag einen Kalbsbraten oder ein Schnitzerl. Doch die wenigsten hatten Geld oder Lebensmittelmarken. Dann kam eines Tages die Frau Müller zu mir, die Schwester von Josefa Danzer, und meinte: „Herr Bürgermeister, koa Mensch ißt heit wos. Ja, wenn Sie nix essen, wer soll denn dann wos essen? Mir hobn iarzt a neue Köchin, a ganz a guate. Die hot schon in Berchtesgaden und in an Hotel in Bonn gearbeitet und bei an Passauer Tierarzt kocht. Mir dan eahna a ganz a guats Schnitzerl macha. Marken brauchats a net hergeben, bloß daß Sie's amal probiern!"

Na, ich hab nicht nein gesagt und dann haben sie mir ein wunderschönes Naturschnitzel vom Kalb gebracht. Mit schöne braune Bratkartoffeln. Es war halt einmalig. Und da haben sie rundum alle geschaut, der Polizist, der Kaminkehrermeister und die anderen, die da herumsaßen. und so nach und nach hatte es sich dann eingebürgert, daß man beim Gesellschaftstag auch etwas ißt.

Aber zurück zu meinem Kalbsschnitzel. Ich saß so, daß ich in die Küche hineinschauen konnte. und da hat dann die neue Köchin durchs Küchenfenster in die Gaststube herausgeschaut, wie ich das Schnitzel iß und ob es mir auch schmeckt. Es hat mir auch wirklich geschmeckt. Wir haben uns kurz angeschaut und ich hab' ihr zugenickt.

Der Danzer war an sich das einzige größere Unternehmen damals und auch schon vor dem Krieg in Kirchberg. Der beschäftigte zeitweise bis zu fünfzig Personen. Zum Amthof gehörte eine riesige Landwirtschaft, eine Brauerei, Metzgerei, Bäckerei, Gastwirtschaft, Mühle, Wald und anderes. Das Personal vom Danzer hatte in der Pfarrkirche einen eigenen Kirchenstuhl, das war der erste vor dem Josefialtar.

Als ich am nächsten Sonntag als Mesner in der Kirche zum Sammeln gehe, sehe ich die neue Köchin in der ersten Reihe bei den Danzer-Leuten sitzen. Dann war noch etwas auffällig. Zum ersten Mal war in der Danzer-Bank bei der Kollekte ein „Fuchzgerl' eingelegt worden. Das gab es bisher noch nie. Von wem könnte das kommen? Am nächsten Sonntag hab ich dann wieder geschaut, wo die neue Danzer-Köchin sitzt. Sie hatte sich ganz an den Rand gesetzt und als ich zu ihr zum Sammeln komm", da seh ich, daß sie ein Fuchzgerl zur Kollekte gibt. Wir hatten damals ein kleines Holzkastel an einem langen Griff, das man den Kirchenbesuchern zur Kollekte hinhielt. Da hab ich ihr verstohlen einen kleinen Renner gegeben und wir haben uns halt angeschaut.

Am Abend bin ich wieder zum Gesellschaftstag und da habe ich halt wieder ein ausgezeichnetes Kalbsschnitzel bekommen, ganz schön angerichtet. Sie hat wieder vom Küchenfenster in die Wirtsstube geschaut und wir haben uns zugenickt. Nach einigen Tagen treffe ich sie auf der Straße. Da habe ich ihr gesagt, daß ihr Schnitzerl ganz gut war und ob mir uns nicht einmal sehen könnten.

Erstes Treffen

Am Erntedankfest haben wir uns zum ersten Mal getroffen. Sie ging zu der ehemaligen Danzer-Köchin, die am unteren Dorfrand wohnte. Sie müsse die alte Köchin fragen, was man denn kocht, wenn es jetzt zum Dreschen kommt und bald sei auch eine Hochzeit, da wolle sie hören, wie sie das gemacht hat. Wir sind dann zusammen noch etwas spazieren gegangen und mir war dabei sofort klar: Das ist die Frau für dich! Und sie hatte wohl auch das gleiche Gefühl, obwohl wir mit keinem Wort von Heirat oder so etwas sprachen.

Wir haben uns dann wieder getroffen. Da sind wir um den Kirchberg gelaufen und haben uns auf ein Bankerl gesetzt beim Hofacker und haben von unseren Eltern und unserem Zuhause erzählt. Dabei stellte sich heraus, daß wir beide aus mehr ärmlichen Verhältnissen kamen. Sie stammte aus einem Bauernhof in Lengfelden bei Schalding an der Donau. Der war zwar doppelt so groß wie unser Sacherl, hat aber auch nicht viel mehr hergegeben. Zudem hatte sie wie ich sehr früh ihre Mutter verloren, eine Stiefmutter war ins Haus gekommen. Großes Pech hatte einer ihrer kleineren Brüder. Der bekam eine Mittelohreiterung und mußte nach Passau ins Krankenhaus, wo er längere Zeit lag. Als er wieder zu Hause war, meinte er einmal zu seinem Vater. „Du, Papa, bellt ebba unsa Hund nimma?" Darauf sagte der Vater: „Freili, der bellt ja grod!" Der Bruder hatte das Gehör verloren. Er mußte dann fort in eine Gehörlosenanstalt, zuerst nach Schwaben, später sogar ins Rheinland. Da war meine Frau froh, daß sie von daheim wegkam.

Einmal sind wir am Abend spazieren gegangen. Das mußte ich meist etwas geheim tun, denn als Bürgermeister kam man sonst sofort ins Gerede. Meine Frau hieß mit Mädchennamen Anneliese Kehrer. Da habe ich ihr einmal beim Spazierengehen am Abend gesagt. „Anneliese, jetzt zeig ich dir einmal unser Haus." Wir sind dann von hinten ans Haus geschlichen. Da war am hinteren Türl ein Holzriegel, den man an sich von außen nicht öffnen konnte. Doch es gab da einen Trick und so sind wir halt ins Haus geschlichen. Wir haben uns in der Stube auf das Kanapee gesetzt und haben halt ein wenig geschmust. Bloß den Vater nicht wecken, sonst macht der Krach! Das war mein Hauptgedanke. Zu mehra als Schmusen hobn wir uns gar nöt traut, wenn da wos passiert war, ich als Burgermoasta!

Natürlich bekam ich aus dem Ort manchen mehr oder weniger offenen Wink, welche die rechte Frau für mich wäre. Die Bauerstochter, die Kramers- oder Handwerkertochter würde doch gut zu mir passen. Besonders eine Bauerstochter hatte es meinem Vater angetan. „Die war die Richtige. Denen ihre Wiesen und Felder stengan grad an die unsern an. Da hätt's doch a schöne Sach miteinand!" Und die anderen heiratsfähigen Töchter waren auch nicht zu verachten, nicht vom Aussehen her und nicht von dem, was sie sicher mitbekamen. Doch meine Entscheidung war gefallen und die ihre auch. Da bin ich dann halt einmal zu ihrem Vater und zu ihrer Stiefmutter hinausgefahren und habe mich vorgestellt. Die haben dann in aller Offenheit gesagt: „Na ja, viel hot er ja nöt. Aber wenn a Burgamoasta is und a Mesner, dann werd er scho a rechta Mo sei!" Der Vater sagte noch zur Anneliese. „Du muaßt selber wiss'n, wos tuast. Dir muaß a passen!" Da sind wir dann mit Freuden heim und haben sofort beschlossen, am 26. November 1946 zu heiraten.

Die Hochzeit

Jetzt kam die Frage der Hochzeitskleidung. Es gab zwar Textilpunkte, doch gab es die hauptsächlich für heimkehrende Soldaten aus Gefangenschaft. Da konnte ich mir als Bürgermeister keine wegnehmen. Ich hatte noch einen passablen Anzug und dazupassende Schuhe aus der Vorkriegszeit. Das war mein besserer Mesneranzug, Der war eher zu groß als zu klein. Das Brautkleid für meine Frau hat eine Cousine von ihr gemacht. Am Abend sind sie also gekommen und haben Brautkleid und Schleier probiert. Ich hatte mein Hemd mit dem schönen Brustbogen. Aber dann benzten die Frauen: „Du kannst doch nicht mit einem schwarzen Schmieserl gehen, das du immer anhast. Da brauchst Du ein weißes zur Hochzeit!" Wer hat denn so eines. Weder beim Pfeffer noch sonst wo, gab es ein weißes. Da meinte die Näherin: „Woaßt wos, wir schneiden von Deim weißen Hemad unten an Streifen owa und daraus mach ich dir dann a Schmieserl!"

Dann kam also der Hochzeitstag. Die Angehörigen meiner Frau waren auch gekommen und hatten eine Gans für das Hochzeitsessen mitgebracht, das beim Mader stattfinden sollte. Alle haben die Braut in ihrem weißen Kleid mit dem weißen Schleier bestaunt, doch die Näherin warnte: „Langts fei den Schleier nöt an, der zerfällt sunst. Der is vo ihrana Großmuatta. Der is schon dreißig Johr olt!"

Ich wollte, daß die Hochzeit ganz klein und bescheiden gehalten wird. Am besten unten in der Kapelle. Doch mein Vetter Fruth, der damals Pfarrer in Schalding war und die Trauung vornahm, sagte: „Gehen wir nur in die Kirche hinauf, das ist feierlicher!" Wir haben die Hochzeit nicht weiter publik gemacht und wollten beide das nicht. Als wir dann

Vor der Währungsreform waren die Hochzeiten natürlich noch sehr bescheiden. Aber auch nach der Währung dauerte es noch einige Zeit, bis wieder große Hochzeitsfeiern veranstaltet werden konnten. Wie diese Einladung zeigt, mußten noch im Oktober 1948 Fleich- und Brotmarken und Eßbestecke zur Hochzeitsfeier mitgebracht werden.

alle vom Haus aus den Kirchenberg hinaufgehen, habe ich mich schon gefreut, daß niemand zu sehen war, der zur Kirche ging. Nur eine alte Frau war auf dem Weg dorthin.

Das Wetter war nicht gerade regnerisch, doch hingen die Wolken weit herunter. Da sind wir also den alten Kirchenweg hinauf und in die Kirche hinein. Da waren wir platt. Die Kirche war mehr als halbvoll besetzt. Wir haben dann vorn auf den Brautstühlen Platz genommen, dann läutet es und aus der Sakristei kommen mein Vetter als Zelebrant und der Pfarrer Gabriel mit seinem Kooperator zu einem levitierten Hochzeitsamt. Der Chor hat gesungen.

Beim Hochzeitsmahl waren wir achtzehn Leute. Die Verwandten hatten die Gans am Vortag abgegeben und da gab es dann ein Gansjung. Für soviel Leute hätte es nicht zu einem Gansbraten gereicht. Es gab dazu eine schöne Soß und Reiberknödel und dazu Bier, das hat es auch schon gegeben. Alle waren zufrieden.

Im Dorf allerdings nicht alle, denn manche hätte wohl auch gerne den Bürgermeister geheiratet, zumal ja von den heiratsfähigen Jahrgängen leider sehr viele im Krieg gefallen waren und ein großer Frauenüberschuß herrschte. Eine meiner Verehrerinnen ist dann ins Kloster gegangen. Die habe ich dann später einmal als Klosterfrau getroffen und habe sie gefragt: „Warum bist denn damals ins Kloster ganga!" Da schaute sie mich an und meinte: „Mei, den Mo, den i wolln hob, den hob i nöt kriagt und an anderen wollt i nöt! Dahoam wars a nöt bsonders guat, da bin ich halt ins Kloster ganga. Ich bet' halt öfters für Dich. Ich hätt Dich scho mögn!" Ja, die ist leider schon verstorben.

Am ersten Ehetag zur Spruchkammer

Damals gab es die Spruchkammern, welche für die Entnazifizierung zuständig waren. Ausgerechnet hatte man am Tag nach der Hochzeit die Verhandlung gegen den Chef der BayWa in Regen angesetzt. Den kannten wir gut und wir haben dort viel zu tun gehabt. Der hatte mich als Entlastungszeuge angegeben. Der kam ausgerechnet am Hochzeitstag

Das Ehepaar Anneliese und Max Binder im Frühjahr 1954 vor ihrem Haus.

abends zu mir und bat mich dringend, ja morgen zu der Sitzung zu kommen. „Wennst Du nöt kimmst, dann derf ich nimma arwatn. Du bist der Einzige, der mir helfen kann." Da bin ich halt am Tage nach meiner Hochzeit mit dem Bus nach Regen und nach Zwiesel gefahren und bin dann auf d'Nacht wieder heimgekommen.

Meine Frau dachte sich natürlich: „Dös geht guat a. Jetzt bin ich den ersten Tag im Haus, bin da völlig fremd und der Mo is den ganzen Tog nöt dahoam."

Das war natürlich schon eine schwierige Situation. Ich sagte auch, ich bleib da, wenn du das willst. Doch sie hatte die Bitte des Bekannten selbst gehört und meinte dann, wenn es für den und seine Familie wichtig ist, dann fahr halt hin. Als ich dann heimkam am Abend, war sie freudestrahlend und meinte. „Mei, Dei Schwester und Dei Vatta, dö san so guat zu mir. Nix is passiert, alle warn freundli zu mir. Schö is bei Enk und ich gfreu mi wirkli! Mir wern a nöt verhungern."

Übrigens: Damals hat man natürlich im Dorf getuschelt, weil wir die Hochzeit so geheim gehalten haben und weil alles so schnell und ohne Karten und Einladungen abging: „Dö ham heiratn miaßn. Deswegen hots dene so pressiert." Aber das war der übliche Dorfklatsch, denn unser erstes Kind bekamen wir erst 1948."

Mir haben uns dann auch ein Leben lang gut vertragen und haben kaum einmal etwas gehabt, was zu Ärger Anlaß gab. 47 Jahre waren wir verheiratet.

Nichts ging ohne Improvisation

Die Versorgung der Bevölkerung nach dem Krieg war sehr schwierig. Es gab zwar nach einiger Zeit Lebensmittelmarken, aber in den Geschäften gab es darauf nicht die entsprechenden Waren, zum Teil nicht einmal Brot oder Kartoffeln. Da mußte stets improvisiert werden, um das Nötigste zu beschaffen. Max Binder bringt hierzu einige Beispiele.

Butterfahrten

„Von Frau Sailer, welche das größte Geschäft in Kirchberg damals hatte, erfuhr ich in einem Gespräch, das wir über die Versorgungslage führten, daß ihr Bruder Leiter der Molkerei in Pfarrkirchen sei. Daraufhin habe ich mich mit der Molkerei Pfarrkirchen in Verbindung gesetzt und wir haben eine Vereinbarung getroffen, daß wir dort 200 Kilogramm Butter bekommen könnten, wenn ich die entsprechenden Bezugsscheine mitbringe. Ich bin dann auf das Ernährungsamt gegangen und habe ihnen den Fall geschildert. Ich kann ja jetzt nicht von Haus zu Haus gehen und die Buttermarken einsammeln und dann nach Pfarrkirchen fahren. Also bitte ich um einen Bezugsschein für 200 Kilo Butter. Die Leiterin des Ernährungsamtes Regen war schließlich unter einer Bedingung einverstanden: Sie kriegen den Bezugsschein, aber der Gemeinde werden bei der nächsten Zuteilung 200 Kilo Butter abgezogen. Dann bat ich weiter, sie möge mir zwei Bezugsscheine mitgeben, einen für 100 Kilo und einen für 200 Kilo, denn, wenn ich mehr bekommen könnte, habe ich keinen Bezugsschein und wenn es nicht soviel ist, dann gebe ich nur den für 100 Kilo her. Schließlich war sie auch damit einverstanden unter der

Bedingung, daß bei mehr als 200 Kilo das Ernährungsamt davon 50 Kilo bekommt. Das sagte ich zu.

Die Frau Sailer hat das dann mit ihrem Bruder vermittelt und wir sind dann mit dem Holzvergaser-Lkw losgefahren. Mit dabei war der Augustin Emil. Damals waren in Vilshofen die Donaubrücken noch zerstört. Man mußte mit einer Fähre übersetzen. Um überhaupt fahren zu können, hatte ich einen Erlaubnisschein von den Amerikanern besorgt, daß wir über die Landkreisgrenze hinausfahren durften.

Wir haben dann auch die Butter bekommen. Die befand sich in einem großen Faß. Als wir in Vilshofen von der Fähre wieder ans Ufer fahren wollten, hat der Augustin Emil Gas gegeben und dadurch haben die Hinterräder die Fähre weggedrückt und wir sind zweimal ins Wasser gefallen. Die zwei Fährmänner haben gleich Holztrümmer und Bohlen gebracht, daß wir aus dem Wasser herauskamen. Da sagte ich ihnen: „Ihr müßt doch etwas machen, daß Ihr die Fähre anhängen könnt, die drückt es Euch sonst immer weg!" Das haben die auch gemacht. Sie haben große Balken in den Boden gegraben, wo man die Fähre festbinden konnte.

Wir sind dann ein paar Mal zum Butterholen nach Pfarrkirchen gefahren. Wenn wir später zur Fähre kamen, riefen die beiden schon von weitem: „Kinnst scho fohrn, fallts nimma ei, fallts nimma ei!"

In Kirchberg war dies natürlich ein Großereignis in einer Zeit, in der Politik wenig und das tägliche Essen alles bedeutete. Alle rannten mit den Buttermarken in die Kramerläden und kauften ein.

Wir brauchen dringend Kalk

In den ersten Monaten nach dem Krieg gab es weder Ziegel noch Kalk. Da erfuhren wir, daß es in Burghausen einen Karbidkalk gibt. Der fiel bei der Wacker Chemie an. Er war aber blau und roch unangenehm. Aber es war immerhin Kalk. In Stadlmühle hatten wir zudem Ziegel gebrannt. Das machte der Bauunternehmer Alois Pfeffer. Wir brauchten Kalk und Ziegel, um die Lebensverhältnisse der Vertriebenen in erster

Katharina Schiller, genannt Kopp Kathl, hatte nach dem Krieg noch einen Opel P4, den sie als Behelfslieferwagen benützen durfte. Sie hat damit der Gemeinde manchen guten Dienst getan.

Der „Waldler-Blitz" gehörte dem Kaufmann Paul Fischer (mit Hut). Links von ihm Josef Ertl, der Vorstand des Gesangvereins, rechts Emil Augustin.

Linie zu verbessern. Die wohnten teilweise in alten Stuben in den Bauernhäusern, die schon Jahre nicht mehr genutzt wurden, wo oft kein richtiger Ofen war. Den Kalk haben wir wieder mit dem Holzvergaser aus Burghausen geholt. Als ich damit vor dem Feuerwehrhaus vorfahre, wartet schon eine größere Gruppe Männer und Frauen auf mich, alle mit Eimern und Kübeln. „Mei, grod oan Eimer vull wann i kriagt, daß i die Stubn dahoam wieder amal ausweißn kannt!" Und nach einer Stunde hatten wir die halbe Ladung schon eimerweise abgegeben. Den Rest haben wir dann noch gelöscht und dann haben wir halt die notdürftigsten Schäden repariert, auch am Feuerwehrhaus. Wir sind dann aber noch ein paarmal nach Burghausen und konnten weitere Kalklieferungen bekommen.

Woher bekommen wir Brennholz?

Einmal bekam die Gemeinde hundert Ster Brennholz zugewiesen. Die mußten wir von der Gutsverwaltung Oberzwieselau bei Hirschbach im Wald übernehmen. Um mir dies anzusehen, bin ich nach Lindberg gefahren. Damals war ein Mann namens Stich 1. Bürgermeister von Lindberg. Der hatte ein kleines Moped.

Da habe ich mich aufgesetzt und dann sind wir über Stock und Stein zu dem Holzlagerplatz bei dem Waldweiler Hirschbach gefahren. Der steht inzwischen gar nicht mehr. Wir haben dann das Holz mit Kreide angezeichnet und ich habe es für die Gemeinde Kirchberg übernommen. Ein paar Tage später sind wir dann mit der Zwieselauer Waldbahn hinaufgefahren und haben das Brennholz auf den Rungenwägen verladen und hinunter bis nach Unterzwieselau gebracht. Dann haben wir es wieder mit dem Holzvergaser nach Kirchberg gefahren und bei der Gemeindekanzlei aufgeschlichtet. Von dort konnte jeder Flüchtlingshaushalt einen Ster Brennholz für den Winter kostenlos abholen. In den Bauernwäldern ringsum Kirchberg gab es kaum Brennholz. Da hatte man den ganzen Krieg über Holz herausgenommen, so daß kaum neues Holz anfiel. Die Bauernwälder mußten sich erst einmal wieder erholen.

Der Holzvergaser

Der Holzvergaser-Lkw war für die Gemeinde damals beinahe lebenswichtig. Das Holz dafür wurde von den Gemeindeangehörigen meist selbst gewonnen, wenn sie das Unterholz durchforsteten oder irgendwo ein paar Bäume für Bretter herausschlugen. Das wurde dann in ein Sägewerk bei Prackenbach gebracht. Die haben es mit Wasserkraft in kleine Stücke zerkleinert, wie es für den Holzvergaser nötig war. Tankholz gab es auch zu kaufen, aber nur auf Bezugsschein. Im allgemeinen sollte das Holz trocken sein. Wenn es das aber einmal nicht war, dann hat es auch gebrannt, allein wohl durch den Fahrtwind. Es hat dann halt furchtbar geraucht.

Die Elektrifizierung

Beim Anschluß an die elektrische Stromversorgung gab es nach dem letzten Krieg in der Gemeinde Kirchberg noch große Lücken. Das Dorf hatte zunächst nur einen Anschluß an das Überlandwerk und der war beim Danzer. Dieser Anschluß wurde während des Krieges hergestellt, da Danzer als kriegswichtiger Betrieb galt. Er hatte bei der Danzersäge einen großen Teich angelegt und beim Abfluß eine Turbine eingebaut. Damit versorgte er aber nur sein Sägewerk. Max Binder zur Stromversorgung nach dem Zweiten Weltkrieg:

„Als Bürgermeister war mir sofort klar: Das ganze Dorf braucht so schnell als möglich elektrischen Strom. Da kam uns ein Ingenieur aus Vilshofen zu Hilfe. Der machte die erforderlichen Pläne, ohne die wir nichts anfangen konnten. Als die genehmigt waren, mußte die Hauptfrage geklärt werden: Woher bekommen wir das nötige Material, Draht, Isolatoren, Zähler und anderes? Das Material für die Leitungen gibt es bei der UNNRA in Regensburg in der Hemauer Straße. Die UNNRA war eine Hilfs- und Wiederaufbau-Aktion der Vereinten Nationen. Als wir dort vorsprachen, erfuhren wir, daß man das elektrische Material nur auf dem Kompensationswege bekam. Also sammelten wir zu Hause

Die Bergstraße zur Kirche auf dem Berg wird eingeweiht: Landrat Max Binder durchschneidet das Band, sein Bruder Jakob Binder, 1. Bürgermeister von Kirchberg, steht neben ihm. (Aufnahme 1964)

Schmalz, Geselchtes und auch Brot und bekamen dann dafür unter Zuzahlung von Geld den Draht für die Leitungen und anderes elektrisches Material. Wir haben zuerst das damalige Dorf Kirchberg ganz angeschlossen, dann kam Unterneumais daran. Dort mußten jedoch die Bauern auch die Holzmasten für die Leitungen kostenlos stellen.

So nach und nach war also Kirchberg an das Stromnetz angeschlossen und beim Danzer konnte man die große Batterieanlage stillegen, mit der man für Notfälle den Strom aus der Eigenerzeugung speicherte. Diese Anlage betreute jahrelang der Treml Fritz.

Der Amtshofplatz wird geteert

Noch anfangs der 50er Jahre gab es in ganz Kirchberg kein Stück geteerte Straße. Da erfuhr ich, daß das Bauamt des Landratsamtes Regen eine Teermaschine gekauft habe und jetzt eine Straße mit wenig Verkehr suche, wo man diese ausprobieren kann. Da habe ich sofort den Amthofplatz in Kirchberg angeboten. Da rückte also die Kolonne mit der Teermaschine an und begann mit der Arbeit. Die Dorfbewohner haben das alles mit Interesse beobachtet. Die Gemeinde Kirchberg hat die Rohre gekauft für die nötige Ableitung des Wassers, das bei Regenfällen den Kirchberg herunterkam und immer viel Kies und Erde mitbrachte. Dann wurde der Platz planiert, Kies aufgetragen und eingewalzt und dann wurden Teer und Split nacheinander aufgetragen und wieder befestigt. Die Teermaschine war natürlich bei weitem nicht so modern wie die heutige, aber sie hat funktioniert und wir hatten in Kirchberg ohne viel Geld das erste Stück geteerte Straßen- und Platzfläche.

Die Währungsreform

Die Währungsreform am 20. Juni 1948 war dann der große Einschnitt. Von diesem Tage an verloren alle alten, auf Reichsmark lautenden Zahlungsmittel ihre Gültigkeit. Dafür wurde die „Deutsche Mark", kurz „DM" genannt, eingeführt. Wir bekamen den Auftrag, das neue Geld mit einem Lastwagen in Regen bei der Kreisverwaltung abzuholen. Wir sind also mit einem Holzvergaser und dem Feldhüter als Bewachung dorthin gefahren und haben die Kisten in Empfang genommen. Es gab zunächst nur Papiergeld in 10- und 20-DM-Scheinen, die in Bündeln verpackt waren. Diese waren alle mit Wachs besprüht worden. Hartgeld gab es zunächst keines, da hieß es, man könne das alte Hartgeld vorerst noch benützen. Doch kein Kramer oder Wirt hat es mehr angenommen. Jeder Einwohner konnte jetzt 60 DM erhalten, allerdings wurden zunächst nur 40 DM umgetauscht, 20 DM einige Zeit später. Die Zuteilung des Neugeldes wurde aufgrund der Einwohnerzahl zugeteilt.

Im Nebenzimmer beim Danzer haben wir dann das neue Geld ausbezahlt. Jeder mußte dazu einen Fragebogen ausfüllen, in dem alle eingetragen wurden, für die Geld umgetauscht wurde. Ein Ehepaar bekam also 80 DM neues Geld, wenn es 80 alte Reichsmark ablieferte. Die Geschäftsleute, aber auch einige Private, hatten natürlich viel mehr Geld, als sie für den Umtausch brauchten. Da kam da Gerücht auf, daß diejenigen gestraft würden, die jetzt nicht alles alte Geld ablieferten. Da sagte ich diesen Leuten: „Gebt's halt eier Geld dene, die nöt amal das Kopfgeld aufbringa!" Da waren welche dabei mit vier Kindern, die hatten gerade zwölf Reichsmark, hätten aber 240 Mark umtauschen können. So aber bekamen sie nur 12 DM. Da haben dann fast alle das überschüssige Geld abgegeben. Das habe ich in eine Schachtel gelegt und jeder, der das Kopfgeld nicht aufbrachte, der bekam aus der Schachtel einen Zuschuß in erforderlicher Höhe.

Plötzlich war es in der Gemeinde so: Die früher viel Geld hatten, die hatten jetzt oft nur 80 DM, wenn es ein alleinstehendes Ehepaar war. Die früher arm waren und viele Kinder hatten, die waren jetzt am besten daran. Die besaßen jetzt bei sechs Kindern genau 320 DM.
Doch die Lage hat sich verhältnismäßig schnell beruhigt. Nach zwei und drei Wochen bekam man für die DM schon wieder Butter und Milch bei den Bauern. Der schlimmste Hunger war überwunden.

Um das Verhältnis zu den Zugewanderten weiter zu verbessern, veranstaltete die Gemeinde 1949 sogar schon wieder einen Gemeindeball. Da gab es Musik und es wurde getanzt, gelacht und gesungen und die alten Kirchberger haben sich mit den Neubürgern noch besser verstanden.

Max Binder
1935   *1952*   *1970*

Der Bundespräsident und der sparsamste Bürgermeister

Im Frühjahr 1953 gab es große Zeitungsmeldungen: Der Bundespräsident Prof. Dr. Theodor Heuss macht im Sommer Urlaub im Bayerischen Wald. Er wolle sich selbst ein Bild von der wirtschaftlichen Notlage dieses Gebietes machen und hoffe, daß sein Urlaubsaufenthalt sich auch günstig auf den Fremdenverkehr auswirkt.

Natürlich wurde sofort diskutiert: Wo macht er denn Urlaub, in welchem Ort und in welchem Hotel? Tatsächlich hat er dann seinen Urlaub geteilt. Den einen Teil verbrachte er im Brenneshotel am Arber, den anderen auf der Englburg bei Tittling. Als dies aber noch nicht feststand, bemühten sich mehrere Gemeinden, den Bundespräsidenten zu bewegen, bei ihnen Urlaub zu machen. In Kirchberg verlief diese Aktion so:

„Eines Tages kamen Frau Josefa Danzer, die Chefin des Hauses Danzer, zu mir und der in der Gemeinde zuständige Flüchtlingsobmann Adam Schober." So erinnert sich Max Binder. „Sie sagten mir, daß sie unbedingt den Bundespräsidenten einladen wollen, daß er in Kirchberg seinen Urlaub verbringt. Das wäre eine große Reklame für den Ort. Den bringen wir in der Danzer-Villa unter. Dort bekommt er auch Kost und Logis." Darauf ich: „Ja, wenn Sie den Heuss bei sich unterbringen wollen und auch verköstigen, dann bin ich sofort dafür und schließe mich der Einladung an." Da meinte Josefa Danzer, daß natürlich die Gemeinde Unterkunft und Verpflegung übernehmen müsse. Schließlich sei sie eine Geschäftsfrau und lebe davon. Sie wolle den Bundespräsidenten einladen, damit sie dabei etwas verdiene, nicht, daß sie dadurch draufzahle. Da sagte ich: „Nein, Geld für den Urlaub des Bundespräsidenten haben wir nicht!"

Brauereibesitzerin und Gastronomin Josefa Danzer und Bürgermeister Max Binder verstanden sich gut, wie man auf diesem Foto bei einem Feuerwehrfest 1951 sieht, wo beide einträchtig im Festwagen sitzen. Doch als Bundespräsident Theodor Heuß in den Bayerischen Wald kam, gab es kleine Meinungsverschiedenheiten.

Sie haben dann auf einem Briefbogen der Gemeinde Kirchberg selbst eine Einladung geschrieben und dazugesetzt: Unterbringung und Verpflegung im Privathaus Danzer. Unterschrift: Der Bürgermeister der Gemeinde Kirchberg im Wald. Dieses Schreiben haben sie mir gebracht und gefordert, ich solle das unterschreiben und absenden. Darauf sagte ich: „Dieses Schreiben unterzeichne ich nicht. Es ist auch nicht von mir. Die Gemeinde soll dafür bezahlen daß der Bundespräsident in die Gemeinde kommt und die Frau Danzer macht das Geschäft damit. Nein, das unterschreibe ich nicht!" Da waren sie hochbeleidigt. Das sei eine Unverschämtheit, daß ich den Bundespräsidenten, der in den Wald kommen will, nicht einmal einlade. Darauf ich zur Frau Danzer. „I tat nan scho einlodn, wannst Du zohlst, aber wenn die Gemeinde zahlen soll: Nein! Wir haben kein Geld!"

1953 war Adam Schober Flüchtlingsobmann der Gemeinde Kirchberg i. W.

Daraufhin haben sie das nicht unterschriebene Einladungsschreiben mit einer Einladung der Kirchberger Bevölkerung, welche Josefa Danzer und Adam Schober unterschrieben, an das Bundespräsidialamt abgeschickt, nicht ohne darin zu betonen, daß sich der Bürgermeister Max Binder geweigert habe, die Einladung zu unterschreiben und daß dafür Frau Danzer jetzt Unterkunft und Verpflegung übernimmt. Die beiden meinten sicher, daß ich jetzt einen Rüffel bekomme, weil ich die Unterschrift verweigert habe.

Bundespräsident holt sich die fehlende Unterschrift

Im Sommer 1953 kam dann Bundespräsident Theodor Heuss wirklich in den Bayerischen Wald und nahm zunächst Quartier im neuerbauten „Hotel Brennes". Ich war gerade im Landratsamt Regen, wo ich als stellvertretender Landrat die Vertretung für den abwesenden Landrat Köckeis machte. Da klingelt das Telefon und nach einigem Hin und Her ist Theodor Heuss selbst am Apparat. Nachdem ich mich gemeldet hatte,

Bundespräsident Prof. Dr. Theodor Heuß kam 1953 zu Besuch nach Kirchberg. Ein Mädchen begrüßt ihn mit einem Gedicht, der Bundespräsident hat den Hut abgenommen und hält Zigarre und den überreichten Blumenstrauß in der Linken.
Links von ihm Bürgermeister Max Binder, Oberregierungsrat Dr. Josef Jessinsky und mit Baskenmütze der Regener Redakteur des Bayerwald-Boten, Raimund Karl.

sagte er mit seiner tiefen Stimme. „Herr Bürgermeister, ich bin jetzt im Bayerischen Wald und will Sie besuchen, um mir die fehlende Unterschrift unter der Einladung abzuholen. Aber ich will Sie nicht im Landratsamt besuchen, sondern als Bürgermeister von Kirchberg!" Darauf ich. „Wenn Sie unser Dorf besuchen wollen, sind Sie uns willkommen." Darauf Theodor Heuss: „Aber ich will Sie schon heute besuchen." Darauf ich: „Herr Bundespräsident, wann wollen Sie kommen?" Darauf Heuss: „So gegen 14 Uhr!" Ich antwortete: „Herr Bundespräsident, ich werde Sie um 14 Uhr in Kirchberg empfangen!"

Natürlich wurde jetzt alles alarmiert, der Bundestagsabgeordnete Dr. Stefan Dittrich, der CSU-Kreisverband und einige andere. Dann bin ich sofort nach Hause gefahren und habe den Kindergarten mobilisiert. Die Klosterschwester versprach mir, mit ihren Kindern dazusein und auch ein Ständchen zu singen. In der neugebauten Schule und im Haus der Bäuerin ließ ich Bescheid sagen, daß alles hergerichtet werden soll, der Bundespräsident kommt und besichtigt den Ort. Den Gemeindediener schickte ich herum: Es sollten alle, die Zeit haben, um 14 Uhr zum Amthofplatz kommen und wer eine Fahne hat, der soll sie heraushängen. Der Frau Danzer sagte ich, sie möge eine Brotzeit herrichten, Weißwürste halt und was dazugehört. Bürgermeister Dötsch kam aus Zwiesel und uns war allen klar, daß das schon etwas ganz Besonderes war: Der Bundespräsident kam nicht nach Regen, nicht nach Zwiesel, aber nach Kirchberg.

Fast genau um 14 Uhr fuhr der graue offene BMW des Bundespräsidenten am Haus der Bäuerin vor. Theodor Heuss saß vorn, auf der Rückbank saßen zwei Herren und eine Dame, alle in Zivil. Wie sich später herausstellt, war es der persönliche Referent und zwei Mitarbeiter des Begleitschutzes. Ich ging auf den Bundespräsidenten zu und hieß ihn im Namen der Gemeinde Kirchberg im Wald herzlich willkommen. Darauf ergab sich folgendes Gespräch:

„Nun, Herr Bürgermeister, jetzt bin ich doch da."

„Herr Bundespräsident, Sie sind uns herzlich willkommen, aber die Zeche müssen Sie sich hier selbst bezahlen!"

Heuss hat darauf geschmunzelt, die Sicherheitsbeamten haben hellauf gelacht. Darauf Heuss.

„So ist ein Bundespräsident der Bundesrepublik Deutschland noch nie empfangen worden, daß ihm jemand ins Gesicht sagt, er müsse die Zeche selbst bezahlen."

Mir war das einfach so herausgerutscht. Wir haben dann das Haus der Bäuerin besichtigt und dann die neue Schule. Als wir dann von der Schule wieder ins Dorf heraufgingen, klopfte mir der Bundespräsident auf die Schulter und sagte. „Wir Schwaben sind sparsame Leute, aber so spar-

Das Staatsoberhaupt 1953 in Kirchberg. Von links: CSU-Kreisgeschäftsführer Hans Pentner, MdB Dr. Stefan Dittrich (Kötzting), der Bundespräsident, Bürgermeister und stellv. Landrat Max Binder, Oberregierungsrat Dr. Josef Jessensky (Landratsamt Regen), 2. Bürgermeister von Kirchberg, Georg Mühlbauer, ganz rechts Flüchtlingsobmann Adam Schober.

sam wie Sie, sind wir nicht. Aber ich muß Ihnen sagen, es freut mich, daß es sparsame Leute gibt, die etwas leisten. Schauen Sie nur die schöne Schule und das schöne Haus an. Das haben Leute geschaffen, die an sich nichts haben, die jeden Pfennig zweimal umdrehen, das imponiert mir!"

Wir sind dann zum Danzer marschiert. Das Gastzimmer war voller Leute. Viele waren in Holzschuhen und in Arbeitskleidung gekommen. Ich habe dann nochmals begrüßt und ihm für den Besuch gedankt. Die Danzerin hat Weißwürste und Bier auffahren lassen. Dann ist Bundespräsident Theodor Heuss aufgestanden und hat gesagt:

„Herr Bürgermeister, ich freue mich in Kirchberg zu sein. Jetzt bitte ich Sie, die Unterschrift unter die Einladung Ihrer Gemeinde noch zu unterschreiben." Das habe ich getan. Dann sagte Theodor Heuss: „So, Herr Bürgermeister, jetzt haben Sie mich eingeladen und nun darf ich Sie einladen. Die Weißwürste und das Bier für Sie bezahle ich heute!" Da gab es ein ungeheueres Hallo, die Leute klatschten und prosteten dem Staatsoberhaupt zu.

Wir haben ihn dann wieder zu seinem Auto begleitet. Unterwegs meinte er zu mir. „Ich warte noch immer darauf, daß Sie mich um Geld angehen, Herr Bürgermeister!" Darauf antwortete ich: „Ich weiß, Herr Bundespräsident, daß Sie kein Geld zu verteilen haben. Sie sind Repräsentant der Bundesrepublik Deutschland, nicht ihr Finanzminister. Sie haben nichts zu verteilen, deshalb habe ich Sie auch nicht um Geld gebeten." Unter großem Beifall und viel Winken ist er dann wieder abgefahren.

Übrigens: Die Zeche wollte er für sich und mich bei Frau Danzer wirklich bezahlen. Doch diese lehnte ab und sagte: „Nein, Herr Bundespräsident, das bekommen Sie von mir!"

Der sparsamste Bürgermeister Deutschlands

1954 fand in Berlin ein „Tag der Deutschen" statt. Hierzu entsandten alle Bundesländer Abordnungen: Der 24köpfigen bayerischen Abordnung gehörte ich als damaliger Landtagsabgeordneter an. Am Tag vor der Kundgebung im Olympiastadion gab Bundespräsident Theodor Heuss einen Empfang im Schöneberger Rathaus. Das war ein Stehempfang für die Parlamentarier, der in einem großen Saal im Keller stattfand. Vorn war eine längere Tischreihe, an dem die Prominenz saß. Die übrigen Teilnehmer standen im Halbkreis darum herum.

Der Bundespräsident begrüßte und wies dann auf die Bedeutung des „Tages der Deutschen" hin. Es bedeute wieder etwas, Deutscher zu sein. Wir haben wieder Frieden in unserer Heimat. Für diese Heimat gelte es wieder zu arbeiten. Doch dann stockte er plötzlich, geht vom Rednerpult weg und langsam um die Tischreihe herum. Alles ist überrascht und war

gespannt, warum er mitten in seiner Rede innehielt. Einige tuschelten, vielleicht ist ihm schlecht geworden oder er muß austreten?
Ich stand in den hinteren Reihen. Da geht er plötzlich auf mich zu und sagt laut. „Herr Bürgermeister, ich freue mich, Sie hier zu sehen. Kommen Sie!" Damit zog er mich an der Hand hinter sich her. Ich habe mich gewehrt und bin ganz rot geworden. Ich kam mir vor, als würde ich aufs Schaffot geführt. Aber er zog mich nach vorn und stellte mich neben das Rednerpult. Und dann hat er mitten in seiner offiziellen Ansprache hinein die Geschichte von der Einladung nach Kirchberg erzählt, daß ich die Unterschrift unter die Einladung verweigert habe, daß er sich diese dann selbst abgeholt hat und daß er dort seine Zeche selbst bezahlen mußte, aus lauter Sparsamkeit der Gemeinde. Dann sagte er wörtlich: „Herr Binder ist der einzige Bürgermeister in ganz Deutschland, der mich bei Besuchen nicht um Geld angehalten hat. Ich habe ihm sogar gesagt, daß ich auf diese Bitte noch warte. Und er sagte: Sie sind Repräsentant und

1961: 50. Geburtstag von Max Binder im Kreise seiner Familie

nicht Finanzminister der Bundesrepublik Deutschland. Das hat mir so imponiert, daß ich das hier vor Ihnen allen erzählen wollte. Bürgermeister Binder ist der sparsamste Bürgermeister der Bundesrepublik Deutschland."

Natürlich haben die Journalisten wie die Wilden geschrieben, wir wurden geblitzt und fotografiert und es gab ein großes Hallo. Am liebsten wäre ich untergetaucht, aber das ging jetzt nicht mehr. Ganze Pakete mit Zeitungsausschnitten wurden mir später zugeschickt mit dem Bild des Bundespräsidenten und dem sparsamsten Bürgermeister Deutschlands, der nicht einmal eine Brotzeit für das Staatsoberhaupt ausgeben wollte. Das war natürlich eine Riesenwerbung für Kirchberg und den Bayerischen Wald."

Wasser:
Aufgabe für ein langes Leben

Kein Problem hat Max Binder in seinem Leben so beschäftigt wie das Wasser. Das begann schon in der Kindheit. Natürlich gab es da noch keine Wasserleitung ins Haus. Die Binders mußten das Wasser aus einem fünfzig Meter abwärts gelegenen Brunnen holen. Der war vierzehn Meter tief und mit einer Pumpe ausgestattet. Dieser Brunnen versorgte die Anwesen Wenig, Ebner und Binder.

„Die Holzpumpe war in einen Baumstamm gebohrt. Nun hatten die beiden unteren Anwesen eine Flügelpumpe eingebaut, mit deren Hilfe sie das Wasser zu sich ins Haus pumpen konnten. Die Pumpe reichte aber nicht aus, um das Wasser bis zu uns hochzudrücken. So war es lange Zeit meine Aufgabe, schon als Bub, jeden Tag dreimal jeweils acht Zehn-Liter-Eimer Wasser heraufzupumpen und zu uns ins Haus zu tragen. Das mußte ich im Haus auch noch verteilen, Küche, Stall und wo man halt Wasser brauchte. In der Küche stand immer ein Wassereimer, neben dem ein Schöpfer an der Wand hing. Wer Durst hatte, nahm den Schöpfer und trank. War der Eimer leer, mußte ich wieder losgehen.

Als ich nach Jahren meinen ersten Maßanzug bekam, stellte der Schneidermeister fest. „Du bist ja schief, da muaß i in die rechte Seitn mehr Watte eintoa!" Das kam daher, daß ich immer mit der rechten Hand die schweren Wassereimer ins Haus getragen habe, so daß ich da direkt etwas schief geworden war. Als Bub war ich kräftiger wie die anderen. Ich konnte schon mit dem kleinen Finger einen vollen Wassereimer tragen, als die anderen ihn mit drei und vier Fingern nicht tragen konnten.

Wasser war für mich daher schon von Kindheit an ein besonderes Element, aber auch ein kompliziertes Problem. Gab es wenig Wasser, so hatten nur die unteren Anwesen im Dorf Wasser, wir aber nicht. Da mußte dann Wasser aus dem Bach oder von sonst woher gefahren werden. So war es verständlich, daß in meiner Tätigkeit als Bürgermeister die Lösung des Wasserproblems zu den ersten Aufgaben gehörte, die ich anpackte und auch löste.

Natürlich gab es schon vorher Bemühungen, das Wasserproblem zu lösen, denn es bestand schon seit langem. So hat 1896 der Bürgermeister von Unterneumais, Peter Bauer, einen Stollen für eine Wasserleitung von Höllmannsried nach Unterneumais graben lassen. Erschwerend kam früher dazu, daß Johann Danzer für seinen Betrieb eine eigene Wasserversorgung hatte mit einem großen Brunnen und einem Wasserrad im Hof der Brauerei. Der versorgte sich selbst und fiel daher als Förderer einer gemeindlichen Anlage aus. Auch der Gasthof Mader hatte einen eigenen Brunnen und auch der Sterl. Der hatte sogar den besten von allen. Selbst auf dem Kirchplatz ganz oben auf dem Berg hatte man einen Brunnen gebohrt. Doch dort war manchmal trotzdem Wassermangel und das Hochpumpen aus dem Tiefbrunnen kostete viel Kraft.

Die Wasseranlage der Danzers hatte man erst im letzten Krieg groß ausgebaut. Danzer galt als kriegswichtiger Betrieb mit seiner großen Ökonomie und was da alles dazugehörte. Danzer hatte im Krieg gute Beziehungen. Da kam der Kreisleiter und andere Größen und konnten dort auf die Jagd oder zum Fischen gehen. Auch durften sie mitunter ohne Marken essen, was sich natürlich auszahlte.

Wassernot: ein altes Problem für Kirchberg

Um mich bezüglich des Wasserproblems kundig zu machen, bin ich auch ins Staatsarchiv nach Landshut gefahren und fand dort einen Akt über den großen Brand in Kirchberg im Jahre 1863. Da hieß es in der Zusammenfassung: „14 Haushalte sind verunglückt, 26 Firste wurden eingeäschert. Da es kein Wasser zum Löschen gab, wurde mit Jauche gelöscht, was aber die Löschmaschinen unbrauchbar machte." Das Ergebnis war damals eine Anordnung, daß man für Kirchberg eine Wasserleitung bauen muß. Doch daraus wurde offenbar nichts.

Vor dem letzten Krieg wurde vom Landkreis die Straße von Kirchberg nach Untermitterdorf gebaut. Der Bau dieser wenige Kilometer langen Straße dauerte neun Jahre, denn gebaut wurde nur so lange, so lange der Landkreis Geld hatte. War dieses verbraucht, wurden die Arbeiten wieder eingestellt. Die Aufnahme bei der Raindorfermühle zeigt, daß man damals ausschließlich mit Pickel und Schaufel arbeitete. Für den Erdtransport wurden Feldbahnloren eingesetzt.

„Nun machte auch das Innenministerium in München einen Plan, wie man Kirchberg mit Wasser versorgen könnte. Danach sollte aus dem Quellbereich der „Alten Pointen" zwischen Reichertsried und Dornhof eine Leitung nach Kirchberg verlegt werden. Doch dann ergaben Berechnungen, daß dieser Vorschlag unbrauchbar war. Das Wasser hätte aufgrund des Gefälles nur bis zur untersten Stufe des Pfarrhofes gereicht. So wurde auch aus diesem Plan um die Jahrhundertwende nichts."

In den 30er Jahren dieses Jahrhunderts packten zwei Männer das Wasserproblem von neuem an. Es waren dies Paul Fischer und Max Neumaier. Diese wollten eine Arbeitsgemeinschaft gründen und eine Wasserleitung bauen. Dies war nur über Raindorf möglich. Raindorf hatte bereits eine Wasserleitung und hatte zudem Wasser im Überfluß. Nach Regenfällen stand in Raindorf das Wasser oft auf der Straße und die Leute sagten, das ist ein „Dreckdorf".

Man verhandelte und der Gemeinderat beschloß den Bau der Wasserleitung. Nun wurde mit den Rechtlern in Raindorf verhandelt, ob man ihre Quellen mitnutzen könnte. Das Ergebnis war ein klares „Nein". Karl Schiller, Wirtshausbesitzer in Raindorf, formulierte es so: „Na, dö Kirchberga kriagn vo uns nia a Wassa. Erstens braucha mir dös selba und zweitens solln die Kirchberga dös Wassa hernehma wo sie's mögn, aber nöt von uns!"

Nach dem letzten Krieg wurde endlich die Wasserversorgung der Gemeinden in Bayern amtlich geregelt und 1949/50 gab es auch schon Mittel zum Wasserleitungsbau. Das waren aber keine Zuschüsse, sondern diese Mittel wurden in Form von Steuergutscheinen gewährt. Solche Gutscheine gab es im Wert von 100, 500, 1 000 und 2 000 DM. Damit hatte es folgende Bewandtnis: Eine Firma konnte ihre Steuerschuld mit diesen Steuergutscheinen begleichen, wobei sie einen Bonus von drei Prozent angerechnet bekam. Hatte sie 250 DM Steuerschuld, so konnte sie für 200 DM zwei Steuergutscheine kaufen, die aber zu 206 DM angerechnet wurden. Sie mußte dann noch 44 DM bar dazubezahlen. Die Gemeinde Kirchberg hat dann in München ein Wasserversorgungsprojekt planen lassen, für das man dann mit Steuergutscheinen und teilweise noch anderen direkten Zuschüssen für die Landwirtschaft und Schulen die Gesamtkosten von 216 000 DM aufzubringen hoffte."

Bei der Planung hatte man in München festgestellt, daß es im Hangenleithener Forst ein größeres Wasservorkommen gab, den sogenannten Hirschbrunnen. Dorthin sind die Kinder schon immer gerne in die Schwarzbeeren gegangen, da es dort immer frisches Wasser gab. Es mußte schnell gehen, denn Bürgermeister Max Binder hatte bereits ein neues Projekt in Angriff genommen, für das er unbedingt die Wasserversorgung brauchte.

Mit dem „Haus der Bäuerin" hatte Max Binder etwas Einmaliges für Kirchberg geschaffen. Die beiden Häuser links stehen nicht mehr.

Das „Haus der Bäuerin"

Dazu Max Binder: „Ich hatte erfahren, daß es für ein „Haus der Bäuerin" in ländlichen Gegenden erhebliche Zuschüsse gebe. Das „Haus der Bäuerin" war eine Gemeinschaftsanlage, welche vor allem den Bäuerinnen große Arbeitserleichterungen brachte. In diesem Haus gab es folgende Einrichtungen: Eine Wäscherei mit drei Waschmaschinen und zwei Trockenschleudern, eine Heißmangel, in der auch vorgebügelt werden konnte, ein Backofen und eine Obstmostanlage. Weiter konnten dort benützt werden: Räucherkammer, Sackflickmaschine, Geflügelrupfmaschine und einige maschinelle Küchengeräte. Weiter war eine Bücherei eingebaut und die Feuerwehr hatte damals noch ihre Fahrzeuge untergestellt. Später, als das Fernsehen aufkam, haben wir dort sogar noch einen gemeinschaftlichen Fernsehraum eingerichtet."

Für die an sich arme Gemeinde waren diese beiden Projekte, Wasserversorgung und „Haus der Bäuerin" natürlich zwei schwere Brocken. Max Binder war jedoch guten Mutes. Unermüdlich fahndete er nach neuen Geldquellen und Finanzierungsmöglichkeiten und trieb beide Vorhaben mit Energie vorwärts. Sie mußten beide zur gleichen Zeit fertig werden, denn was hätten die Waschmaschinen ohne Wasser genützt. 216 000 DM waren für die Wasserversorgung vorgesehen und 78 000 DM für das „Haus der Bäuerin". Insgesamt dreißigmal ist Bürgermeister Binder nach München gefahren, entweder mit dem verbilligten Zug, der einmal in der Woche ging, oder es hat ihn der Kaufmann Andreas Schiller nach München mit dem Auto kutschiert. Einmal gab es Schwierigkeiten. Er erzählt es so:

„Ich war wieder einmal am Freitag in München, um zur Auszahlung der Bauarbeiterlöhne Steuergutscheine zu erbetteln, die ich schließlich auch bekam. Doch an der Ministeriumskasse hatten sie nur noch einen Fünfhunderter und einen Tausender. Da bin ich heimgefahren und von einem der größeren Steuerzahler zum anderen gelaufen, ob er mir nicht einen der Gutscheine gegen Bargeld abkauft. Doch keiner hatte soviel Geld bar zu Hause oder eine entsprechend hohe Steuerschuld. So mußte ich es in Zwiesel beim Finanzamt versuchen. Doch die sagten mir: Wenn wir Steuergutscheine haben, schicken wir die sofort nach München. Die können wir also nicht in kleinere umtauschen. Da bin ich halt zu den Arbeitern auf den beiden Baustellen gegangen und habe ihnen sagen müssen, daß die Gemeinde sie in dieser Woche nicht bezahlen kann. Erst in der nächsten Woche. Da hab' ich dann den Steuergutschein zu tausend DM, in zehn zu hundert DM umgetauscht und gleichzeitig noch etwas mehr mitgenommen, da ja schon wieder eine Woche dazukam.

An die Wasserleitung wollten wir Hangenleithen und Unterneumais anschließen. Doch in Hangenleithen hat nur ein Bauer mitgemacht, durch dessen Grund wir die Leitung führen mußten. Die Unterneumaiser sagten: Wir haben Wasser, aber im Sommer ist es da auf der Höh schlecht damit. Wir schließen an, „wann dös Wassa kimmt!"

Jetzt war das „Haus der Bäuerin" weiter wie die Wasserleitung beim Baufortschritt, da der Hochbehälter noch nicht fertig war. Doch wir haben einfach weitergebaut, denn wenn alle Stricke rissen, dann hätten wir einfach die Wasserleitung des Danzer angezapft, die durch das „Haus der Bäuerin" ging."

Einweihung des „Hauses der Bäuerin" am 5. Oktober 1950: Am Mikrofon spricht Bürgermeister Max Binder, rechts hinter ihm der Vertreter der Bayerischen Staatsregierung, Staatssekretär Lorenz Vilgertshofer. Das rechte Foto zeigt das Haus mit der Ortskirche.

Ein schlimmer Freudentag

Ihn schildert Max Binder so: „Dann kam der 2. August 1950. Das war ein Tag, den vergeß' ich in meinem Leben nie. An diesem Tag sollte die Betondecke betoniert werden, auf dem dann die schweren Waschmaschinen montiert wurden. Dazu mußte die Eisenarmierung fachmännisch verlegt werden. Dazu hatten wir einen Ingenieur vom Straßenbauamt Deggendorf verpflichtet. Der hatte die Statik gemacht und überwachte nun die Deckenbetonierung. Die Bauarbeiter mischten damals den Beton noch mit der Schaufel. Da wurde Sand und Zement gemischt und einer goß mit einer Kanne Wasser darüber. Das mußte jetzt alles sehr schnell gehen, damit der Beton nicht abband.

Ich war aber an diesem Tag zu Hause geblieben. Meine Frau Anneliese erwartete ihr zweites Kind. Die Wehen hatten schon eingesetzt und die Hebamme war schon im Haus. Da kam ein Arbeiter von der Baustelle und sagte: „Burgamoasta, du muaßt sofort auf d'Baustell kemma, der Baurat läßt nöt betonieren, wenn nöt oana den Baustahl anschaut und abnimmt, daß es der rechte is!" Da bin ich halt schnell losgelaufen, um das Armierungseisen abzunehmen. Doch das zog sich dann alles länger hin, als ich ursprünglich dachte. Es hat dann zwölf Uhr geläutet und um viertel über zwölf haben sie zur Baustelle geschickt und haben mir zugerufen: „Burgermoasta, konnst scho hoamgeh', a Deandl habt's!"

Jetzt bin ich doch so schnell es ging heim. Alles war gut gegangen, doch die Frau schaute mich vorwurfsvoll an und sagte nur: „Mo, i sog das, bei uns ka alls zugrund geh, wenn in der Gemeinde wos is. Da geht alls vor, bevor Du Dich um uns kümmerst!" Da bin ich schon über und über rot geworden. Ich sah ein: Sie hatte recht. Ich wußte auch nichts darauf zu sagen. Das hat unser Zusammenleben schon einige Zeit belastet, doch dann überwog doch die Freude über unsere zweite Tochter.

Es hat dann auch noch alles mit unseren beiden Bauprojekten geklappt. Das „Haus der Bäuerin" wurde am 5. Oktober 1950 eingeweiht, wobei Pfarrer Isidor Gabriel den kirchlichen Segen spendete." Bei dieser Feier gab es eine große Überraschung. Aus Zwiesel kam als Vertreter der US-Militärregierung Captain Svar und überreichte zur Anerken-

An der Einweihung des „Hauses der Bäuerin" nahm als Vertreter der amerikanischen Militärregierung Captain Svar teil und überreichte als Anerkennung einen Scheck über 8000 DM. Das Foto zeigt Captain Svar (links) mit Bürgermeister Binder.

nung für diese einmalige Gemeinschaftsleistung an Bürgermeister Max Binder einen Scheck über 8 000 DM. Kirchberg im Wald war die erste Gemeinde in ganz Bayern, welche sich ein „Haus der Bäuerin" gebaut hatte und der unermüdliche Motor hierzu war ihr 1. Bürgermeister. Wie schlecht die Finanzlage der Gemeinde damals war, zeigt eine Tatsache besonders deutlich. Die Baugenehmigung für das „Haus der Bäuerin" lag ganze fünf Tage auf dem Postamt. Der Grund: In der Gemeindekasse fehlten die 36,50 DM, welche als Nachnahme für die Baugenehmigung auf der Sendung lagen, um sie einzulösen.

700 Sprengungen für den Hochbehälter

„Im letzten Moment war auch noch die Wasserleitung zum „Haus der Bäuerin" fertig geworden. Doch der Hochbehälter war noch immer eine Baustelle. Er wurde auf dem Kirchenberg errichtet und dorthin mußte die 150 Millimeter-Leitung in teils massiven Fels und Stein verlegt werden. Da wurde ständig gesprengt, insgesamt 700 Mal. Das war aber sehr schwierig. Nahm man zuviel Dynamit, flogen die Steine zu weit, nahm man zu wenig, mußte nachgesprengt werden. Da sind ständig Gesteinsbrocken über den Ort und auf die Häuser und Stadel gefallen. Wir hatten bei der Gemeinde eine Lieferung Dachpfannen beschafft. Wenn einer zerbrochene Dachziegel brachte, bekam er die gleiche Menge neuer im Austausch. Einmal flog ein faustgroßer Stein über das Dorf genau in ein Fenster des schon eröffneten „Haus der Bäuerin" und schlug in einem Zimmer auf einem Tisch ein. Zufällig war niemand in dem Raum, aber aus der Tischplatte hat es einen ganzen Plätzen herausgerissen.

Vom „Haus der Bäuerin" war alles begeistert und Kirchberg machte damit Schlagzeilen weitum. Und daß es jetzt immer Wasser aus der Wasserleitung gab, das war die zweite Freude. Schließlich war auch der Hochbehälter fertig und da dachte sich der Bauingenieur etwas Besonderes aus. Als es soweit war, rüstete man im Dorf gerade zur Fronleichnamsprozession. Da meinte der Bauleiter. „Denen zeigen wir jetzt, wie weit das Wasser läuft und daß es bis ganz hinauf auf den Kirchenberg fließt." Er hat dann am Hochbehälter ein Rohr angeschlossen, da lief frisches Wasser heraus in eine Rinne darunter und von dort wieder in die Leitung. Als da die Prozession vorbeikam, haben die Leute sogar das Beten aufgehört und haben das fließende Wasser ganz oben auf dem Berg bestaunt. Daß da droben von oben herunter ein Wasser kommt und daß das nie versiegt, da waren sie baff. Beinahe hätte dieser Einfall die Prozession durcheinander gebracht, denn den Landleuten war klar: Jetzt brauchen wir uns ums Wasser nicht mehr zu sorgen, „iarzt hama oins!"

Der neue Friedhof erforderte viel Arbeit, da man viel Fels und Gestein beseitigen mußte. Im Hintergrund Pfarrer Isidor Gabriel.

Gründung der CSU im Landkreis Regen

„Der damalige Landrat Ludwig Dötsch bekam von den Amerikanern den Auftrag, eine demokratische Gruppierung oder Partei im Landkreis zu gründen. Dazu wurde auch ich eingeladen, Die Gründungsversammlung fand in einem Nebenzimmer des Gasthauses Deutscher Rhein im Februar 1946 in Zwiesel statt. Ludwig Dötsch leitete die Versammlung, zu der er mit seiner Frau gekommen war. Das Ziel sollte sein, das kirchliche Leben wieder aufleben zu lassen, den Schwächeren zu helfen und durch Arbeiten und Sparen wieder vorwärts zu kommen.

Alle Erschienenen, etwa zwölf Personen, traten dann der Christlich-Sozialen Union (CSU) bei. Der Mindestbeitrag betrug damals sechs Reichsmark.

Das Ehepaar Dötsch wurde im Dritten Reich politisch verfolgt, vor allem aufgrund ihres katholischen Glaubens. Dötsch gab auch die erste Zeitung Zwiesels heraus, die „Bayerische Waldzeitung". Sie wurde in der Nazizeit verboten.

Anfangs gab es sehr wenig Mitglieder in der Kreis-CSU. Viele hatten gegen Parteien nach dem Dritten Reich sowieso eine Abneigung, andere wollten erst ihre Entnazifizierung abwarten. 1946 war die erste Bürgermeister- und Gemeinderatswahl in Kirchberg. Obwohl ich einen Gegenkandidaten hatte, wurde ich mit ganz großer Mehrheit als Bürgermeister bestätigt. Geeignete Kandidaten für den Gemeiderat zu finden, war sehr schwer. Grundvoraussetzung war damals: Sie durften keine aktiven Mitglieder der NSDAP gewesen sein. Da das Parteileben noch recht schwach entwickelt war, kandidierten auch Gruppierungen.

1948 fand dann die zweite Gemeideratswahl in Kirchberg statt. Nun kandidierten nur noch Parteien. Bei den Amerikanern waren die Kom-

50 Jahre CSU-Kreisverband Regen: Von links: MdL Helmut Brunner, Landtagspräsident a. D. Dr. Franz Heubl und Max Binder.

munisten besonders hoch angesehen. Hitler hatte die Kommunisten als den größten Feind der Nazis bezeichnet, also mußten diese jetzt besonders unterstützt werden. So wurden die Kommunisten, also die KPD, 1948 mit 80 Stimmen zweitstärkste Partei im Kirchberger Gemeinderat, hinter der CSU und vor dem BHE, dem „Bund der Heimatvertriebenen und Entrechteten". Die SPD spielte damals auf dem Lande bei uns keine Rolle. In dieser Situation sah ich damals eine gewisse Gefahr. Da bin ich einfach zu einigen gegangen, von denen ich annahm, daß sie die CSU sowieso nicht wählen würden, aber ihre Stimme wohl einer gemäßigten linken Partei geben würden, und habe diese zu überreden versucht, bei der nächsten Gemeinderatswahl doch für die SPD zu kandidieren. Es gelang mir dann wirklich, einige für die SPD-Kandidatenliste zu gewinnen, Waldarbeiter, sogar zwei Bauern waren darunter und ein Ökonomieverwalter, und so haben wir den Einfluß der KPD in Kirchberg langsam auf Null gebracht."

Rückblick nach 50 Jahren

Am 22. Februar 1997 feierte der CSU-Kreisverband Regen sein 50jähriges Bestehen und Kreisvorsitzender MdL Helmut Brunner konnte hierzu viele altgediente Mitglieder begrüßen: Max Binder als Gründungsmitglied und Landtagspräsident a. D. Dr. Franz Heubl. In seiner Festansprache betonte Dr. Heubl die prägende Rolle der CSU für das Land Bayern. Und die alten Freunde Binder und Heubl hatten an diesem Tag ausreichend Gelegenheit, alte Erinnerungen auszutauschen. Die große Geburtstagstorte hatte für das Jubiläum der jetzige Bürgermeister Alois Wenig von Kirchberg gebacken, der von Beruf Konditormeister ist und der uns in diesem Buch schon begegnet ist.

Landtagsabgeordneter Max Binder 1954 – 1970

1946 wurde die Bayerische Verfassung durch Volksabstimmung angenommen und gleichzeitig damit auch der erste Bayerische Landtag gewählt. Der Landkreis Regen gehörte zum Stimmkreis Kötzting-Regen. Als Hauptkonkurrenten standen sich in diesem Wahlbezirk für die Bayernpartei der Revierförster Ludwig Volkholz, vom Volk liebevoll der „Jager-Wiggerl" genannt, und für die CSU der Frauenauer Glasindustrielle Hippolyt Freiherr von Poschinger gegenüber. Volkholz siegte und zog in den Landtag ein.

Vier Jahre später, bei der nächsten Landtagswahl 1950, sagte man sich bei der CSU im Wahlkreis: „Mir brauchan oan, der Beziehungen hot und a Goid." So wurde der damalige CSU-Geschäftsführer Brunner als Kandidat der CSU aufgestellt. Er unterlag wiederum dem Volkholz-Wiggerl.

„Die Stimmkreiskonferenz für die Aufstellung eines Landtagskandidaten für die Wahl 1954 fand in Eschlkam statt. In dieser ziemlich turbulenten Konferenz meldete sich schließlich Pfarrer Josef Pongratz zu Wort, der später Stadtpfarrer von Furth war. Dieser war politisch erfahren. Die Amerikaner hatten ihn zeitweise als kommissarischer Landrat von Kötzting eingesetzt. Der stand also auf und hielt etwa folgende Rede: „Liabe Leit! Wenns Ihr jetzt nöt oan von uns, oan von dö kloana Leit aufstellt's, dann kriagts nia an Abgeordneten nach München." Dann wurde ich als Kandidat vorgeschlagen. Ich war damals schon lange Bürgermeister und seit 1948 stellvertretender Landrat. Ich war auch Kreisvorsitzender der CSU und Mitglied des damaligen Landgemeindetages, war Bezirksvorsitzender der Gemeinden Niederbayerns und hatte in den beiden vorhergehenden Wahlkämpfen schon an die hundert Wahlversammlungen gehalten. Dieser Pfarrer Pongratz kannte mich seit Jahren. Für die Delegierten kam aber noch dazu, daß ich ein „kleiner Häusler" war, ein wirklicher Mann aus dem Volk. Ich galt als Mann, der „nicht überall kneift und der seine Meinung sagt, wia er sich's denkt!"

Ich war immer der Ansicht, daß man Wahlkämpfe nicht dazu führt, daß man möglichst viele Stimmen gewinnt, sondern daß man die Leute aufklärt: Wie kann man die Zukunft meistern, was sind unsere größten Probleme und was schlage ich dazu vor. Wir müssen wissen, was wir brauchen, nicht was wir wollen. Ich habe die Erfahrung gemacht, wenn man möglichst wahrheitsgetreu das alles schildert, dann nehmen einem die Leute das auch ab. Die sind ja auch nicht dumm, sondern lesen die Zeitung und unterhalten sich, und wenn es am Stammtisch ist.

Ich habe also 1954 für die CSU kandidiert und habe auf Anhieb den Ludwig Volkholz abgelöst. Das war ein großer Sieg. Die Bayernpartei war damals die führende Partei im Landkreis und der Volkholz verstand etwas davon, wie man die Leute begeistert, wie man sie anspricht und sich für sie in die Bresche schlägt. 1950 hatte bei der Landtagswahl die CSU in ganz Bayern 27,4 Prozent, die Bayernpartei immerhin 13,2 Prozent. Die CSU war zwar stärkste Partei, sie brachte aber keine Koalition zustande, so daß es damals zur Viererkoalition zwischen SPD, Bayernpartei, BHE/GB und FDP kam."

Versammlung in Rittsteig und Rimbach

Als Bürgermeister, Landrat und Abgeordneter mußte man natürlich ständig Versammlungen besuchen und abhalten. Das war damals kein Vergnügen und ist es wohl heute vielen Politikern auch nicht. Über das, was Max Binder auf Versammlungen erlebte, könnte man allein ein Buch schreiben. Einige besondere Erlebnisse sollen hier herausgegriffen werden:

„Zur Landtagswahl 1954 hielt ich einmal eine Versammlung in Rittsteig ab, ganz hinten zwischen Lam und Furth und direkt an der Grenze. Der Kreisgeschäftsführer der CSU hat mich abgeholt mit seinem Goggomobil kurz nach 18 Uhr. Bis dorthin mußte ich meine Arbeit in der Gemeindekanzlei tun. Wir sind dann über den Brennes nach Rittsteig gefahren. Das Gasthaus war voll, meist älterer Leute. ich habe begrüßt, habe mich vorgestellt und habe erzählt, daß ich ein kleiner Häusler bin und daß wir daheim drei Kühe haben und dann wollte ich zur Politik überleiten, da unterbrach mich einer und sagte: „Woaßt wos, Du brauchst gor nimma schmatzen, mir wähln ma Di zu hundert Prozent!" Dann stand der örtliche Wahleiter auf und hat gefragt. „Wer wählt denn den nöt?" Niemand hat sich gerührt. „Also, dann is guat!"

Da habe ich mich nochmals gemeldet und habe gesagt: „Ich bin ja nicht nur wegen der Wahl da. Ich will auch von Euch wissen, wie es Euch geht, welche Sorgen Ihr habt, was Euch gefällt und was nicht. Ihr seit direkt am Eisernen Vorhang, ist da alles bei Euch in Ordnung?"

Da haben sie plötzlich angefangen zu reden, jeder wußte etwas, jeder fragte nach etwas. Wir sind gesessen bis nachts um zwei Uhr. Zuletzt haben sie erzählt, wie sie früher geschmuggelt haben und wie sie die Grenzer ausschmierten. Da haben sie einen mit zehn Pfund Salz im Rucksack losgeschickt, der mußte sich etwas dumm anstellen, so daß ihn die Grenzer visitierten. Dabei fanden sie das Salz und konfiszierten es. Die Kumpane zu Hause wußten genau, wie lange der zur Grenze brauchte und sind dann heimlich losgegangen und haben in der Zwischenzeit zwei Ochsen über die Grenze geschmuggelt. Mit wenig Salz sind sie hinüber, mit ganzen Ballen Anzugstoff sind sie herüber. Da haben sie immer zusammengearbeitet, haben sich gegenseitig gewarnt und gepaßt.

Natürlich haben sie erzählt wie schlecht es ihnen vor dem Krieg ging und wie schlecht jetzt wieder. Um ihre Familien zu ernähren mußten sie wildern gehen. Da hatten sie gar kein schlechtes Gewissen dabei. In dieser Höhe gab ja die Landwirtschaft nichts mehr her.

Da bin ich bis zwei Uhr nachts gesessen. Dann sind wir heimgefahren mit dem Goggomobil. Beim Abschied haben die Leute gesagt. „Du bist recht, Du verstehst uns, Du gehörst zu uns und Du horchst auch zua!"

Das war damals schon im November. Das kleine Auto war angefroren. Vorn war an der Windschutzscheibe innen nur eine kleine Heizscheibe. Warm ist es in dem Auto überhaupt nicht geworden, höchstens nicht ganz so kalt wie draußen, und doch auch nur, als wir hinter Lohberg zur Scheibe heraufgefahren sind. Im Wirtshaus war es heiß, daß einem das Wasser herunterlief, jetzt war es eiskalt. Wie wir dann auf der anderen Brennesseite nach Regenhütte hinuntergefahren sind, hat das Goggo überhaupt nicht mehr geheizt. Ich bin nach drei Uhr in Kirchberg ins Bett. Ich war total durchfroren und es hat mich geschüttelt. Am anderen Tag bin ich aber wieder pünktlich ins Gemeindebüro.

Der Stoßzügel

Da waren manche harte Versammlungen dabei. Besonders in der Zeit, in der die Stoßzügelverordnung diskutiert und erlassen wurde. Der Stoßzügel heißt im Gäuboden der Woja. Mit ihm konnte man ein Pferdefuhrwerk von einer Seite aus lenken. Der Stoßzügel ist ein Einseitzügel. Der Lenker ging dabei links neben dem Pferd her. Hat er mit dem Stoßzügel etwas gezuckt oder „gestoßen", dann wußte der Gaul, ich muß rechts gehen. Wollte man das Fuhrwerk nach links herumfahren, dann wurde am Zügel angezogen und das Pferd nach links herumgeführt. Stoßzügel wurden aber auch bei Ochsen- und Kuhgespannen angewandt. Nun hatten einige Tierschützer protestiert, daß der Stoßzügel eine Tierquälerei sei. Sie konnten auch nachweisen, daß irgendwo Pferdeknechte ihre Rösser mit dem Stoßzügel herumgerissen hätten. Natürlich ging es im Fuhrgeschäft nicht immer zimperlich zu, besonders wenn im Wald Holz gefahren wurde. Aber der Mensch schindete sich ja genau so wie er die Tiere herannehmen mußte.

Die Sache kam in den Landtag: Ergebnis: Der Stoßzügel wird verboten. Wer weiterhin mit dem Stoßzügel fährt, wird bestraft. Eine besondere Durchführungsverordnung dazu gab es nicht. Das Verbot bedeutete nun für die meisten Bauern, daß sie mit ihren bisherigen Wägen gar nicht mehr fahren konnten. Bisher war es so: Mit einer Hand lenkte er mit dem

Der Landtagsabgeordnete Max Binder im Plenum des Bayerischen Landtags. Links neben ihm die Abgeordneten Ludwig Ramelsberger und Karl Bickleder.

Stoßzügel das Gefährt, mit der anderen konnte er die Kurbel der Handbremse auf- und zudrehen, je nachdem, was gerade nötig war. Nun mußten ganz andere Fahrwägen her. Beim Doppelzügel brauchte man beide Hände zum Lenken der Pferde. Am besten saß da der Fahrer oben auf dem Bock und bediente von oben die Bremskurbel. Da gab es regelrechte Aufstände bei den Versammlungen. „Den Stoußzügel wannst nöt wegbringst, brauchst Di gor nimma segn lassn!" wurde mir in den Versammlungen gesagt. Da habe ich folgendes gemacht: Ich traf mit dem Polizeichef vom Landkreis ein Abkommen. Alle Anzeigen wegen des Stoßzügels schickst Du nicht auf dem Dienstweg weiter, sondern schickst sie mir. Ich regle das dann. So haben wir es auch gemacht. Doch bald sprach sich herum, daß im Landkreis Regen keiner wegen des Gebrauchs des Stoßzügels bestraft werde, dagegen von den angrenzenden Landkreisen die Anzeigen bündelweise eingeschickt wurden. Ein Landrat im Nachbarlandkreis, ein Diplom-Ingenieur, sagte den Leuten immer: „Ich muß die Anzeigen einschicken, da kann man nichts machen." Die Quittung bekam er bei der nächsten Landratswahl: Er wurde nicht mehr wiedergewählt.

Ich war damals noch im Landtag und habe mich dort auch mit Anträgen und Eingaben gegen das Stoßzügelverbot gewandt. Ein altes Roß, das mehrere Jahre am Stoßzügel gegangen war, ließ sich gar nicht mehr auf den Lenkzügel umstellen. Das hatte den noch nie gespürt.

Ich habe dann im Plenum geschildert, wie es in der Praxis ist. In einem Hohlweg, im Wald. Wie sollte da einer bremsen. Es gab bei den Bauernwägen keine Hochbremse. Der Fuhrwerklenker mußte nebenher gehen und die Handkurbel bedienen. Außer einer neuen Wagenkonstruktion benötigen jetzt die Bauern für den Lenkzügel auch ein ganz anderes Geschirr für Pferde und Ochsen. Das machte dann doch Eindruck und die Verordnung wurde modifiziert. Ab sofort durften Pferde, die älter als neun Jahre waren, weiterhin mit dem Stoßzügel gefahren werden, wenn keine andere Möglichkeit bestand.

Besonders kraß war der Wegfall des Stoßzügels zudem im Winter, wo die Wege meist nur schmal ausgeräumt waren oder im Wald mit den engen Waldwegen. Da war Mensch und Tier an den Stoßzügel gewöhnt. Die Motorisierung der Landwirtschaft hat dann dieses Problem endgültig gelöst.

Der Ladenschluß

Ein weiteres, gerade bei uns im Bayerischen Wald gravierendes Problem war das des Ladenschlusses, das plötzlich den Metzgern verbot, an Sonn- und Feiertagen Fleisch zu verkaufen. Damals gab es noch keine Kühlschränke. Es hatte sich allgemein eingebürgert, daß Mann und Frau am Sonntag in die Frühmesse gehen. Dann geht die Frau nach Hause, der Mann geht noch zum Frühschoppen und kauft dann gleich das Fleisch für Mittag, meist Schweinefleisch, weil das Schweinerne eine bessere und mehr Soße hergibt als das Rindfleisch. Zudem gab es beim Großteil der Bevölkerung Fleisch nur am Sonntag. Da ist es schon manchmal vorgekommen, daß der Mann den richtigen Aufbruch im Wirtshaus versäumt hatte und erst um zwei Uhr nachmittags mit dem Schweinernen heimkam. Doch nun ergab sich ein neues Problem: Die Gasthäuser mit Metzgerei hatten ja am Sonntag offen und haben hintenherum weiter Fleisch verkauft. Die Metzgereien ohne Wirtshaus mußten aber geschlossen halten. Das gab viel Unfrieden. Einige Wirtsmetzger wurden hintenherum hingehängt. Da kochte die Bauernseele gewaltig und oft mußte ich in den Versammlungen hören: „Ja, wos war denn iarzt dös. An Stoußzügel nehmens uns, a Fleisch derfat ma am Sunntog nimma kaufa, ja, wo hamma denn? Wo kemma mir denn do hi? Dös geht nimma so weida! Da miaß ma rewellieren!" Das taten sie auch, besonders in der Gemeinde Rimbach bei Kötzting. Das war in unmittelbarer Nachbarschaft zu Ludwig Volkholzens Wohnsitz Lederdorn und dort hatte er den Bauern bei den Versammlungen versprochen: „Des Stoußzügelverbot schaff' i o, und das Verkaufsverbot für Fleisch am Sunntog bring i a wega. Ihr brauchts mi nur zu wähln!"

Nun mußte ich in Rimbach eine Wahlversammlung halten. Die Wirtsstube war brechend soll. Ganz vorn war der Honoratiorentisch: Bürgermeister Silberbauer, der Expositus und ein paar weitere Prominente. Unmittelbar davor saßen an einem langen Tisch lauter Bauern, alle Hut auf, den Hakelstecken zwischen den Füßen und finster dreinblickend. Es waren auch Vertriebene da und ganz zum Schluß kamen noch fünf Männer mittleren Alters, die sich ganz hinten auf eine Bank setzten. Die Stimmung war gereizt und man hatte mich vorher gewarnt, daß das keine leichte Versammlung werden würde.

Zum Bürgermeister sagte ich: „Ihr habts aber an Haufen Leit da." Er meinte, da seien einige da, die habe er noch nie gesehen. Die fünf da hinten auf der Bank. Ich fragte nun den Expositus, ob er die fünf kenne. „Na", antwortete der. „Dö gengan bei uns nöt in d'Kirch!"

Dann habe ich halt angefangen und bin sofort auf das Stoßzügelgesetz eingegangen. Ich habe gesagt, daß das Stoßzügelgesetz gegen den Willen aller Abgeordneten aus dem Bayerischen Wald verabschiedet worden war. Dafür hätten nur die Abgeordneten aus den Städten, die ehemaligen Militärs und einige Tierschützer gestimmt. Die ehemaligen Militärs deswegen, weil man beim Militär nur mit Lenkzügen und vom Bock aus mit Pferden gefahren ist. Die haben den Stoßzügel überhaupt nicht gekannt. Für einen Bauern ist das Roß das Wertvollste auf dem Hof. Mit dem treibt er kein Schindluder oder quält es absichtlich. Wir leben aber in einer Demokratie und da entscheidet die Mehrheit und die Mehrheit hat eben für die Abschaffung des Stoßzügels entschieden. Das ist Gesetz, einer allein kann da nichts ändern.

Mit dem Ladenschluß ist es fast das gleiche. Die Bäcker und Metzger in der Stadt drin, die stehen von Montag bis Samstag mittag im Laden drin und ihr Personal auch, die brauchen einfach ein freies Wochenende, um sich zu erholen. Für die verläuft das Leben ganz anders wie für Euch da herin. Zudem haben sie in der Stadt meist schon alle Kühlschränke, bei uns nicht. Hier gibt es ja noch Orte, die noch nicht einmal Anschluß an das Stromnetz haben. Das Ladenschlußgesetz ist mit Mehrheit zustande gekommen, ich kann dagegen nichts machen. Ihr könnt ja nicht die Unschuldigen mit den Schuldigen strafen. Wir können es nicht ändern. Ich habe dagegen gestimmt, aber das half nichts.

Dann habe ich eine kurze Pause vorgeschlagen, nach der wir diskutieren sollten.

Stimmungsbörse: Pissoir

Ich habe es dann genau so gemacht wie schon so oft. Man muß eine Pause einlegen, da wird neues Bier gebracht und die Männer gehen aufs Pissoir. Da stehen sie nebeneinander vor der Wand und dann sprechen sie ihren Kommentar. Ich bin also langsam auf den Männerabort hinterher geschlichen und habe zuerst einmal gelust: Was sagen sie. Einer meinte. „Eigentli is dös a gschickter Mo. Dös is oana, der die Wohrheit sagt, a wenn mas nöt hörn wolln. Aber der kennt si aus, a mit dem Stoußzügel." Ein anderer sagte: „Jiarzt wissn ma endli, wia dö Gsetza zustandekemma. Der hot jedenfalls nöt Schuld."

Wie ich über die Gred wieder hineingehe, bin ich noch bei dem Wassergrand stehengeblieben und habe von dem ständig laufendem Wasser einen Schluck getrunken. Ich habe bei den Versammlungen meist nur eine Halbe Bier getrunken, mehr nicht. Durch das Reden und die Hitze hatte ich doch Durst bekommen. Da kamen hinter mir zwei Männer zu mir her und der eine sagte halblaut. „Herr Abgeordneter! Wir san von der Polizei aus Kötzting. Mir san zu Fünfta do, weils das Gerücht gegeben hat, daß Sie heut verhaut werdn soll'n! So kritisch war damals die Situation. Da hatte man also fünf Polizisten in Zivil extra zu dieser Versammlung abgestellt, um mich zu schützen, ohne mir das aber zu sagen.

Ein weiteres Problem waren noch die Ehhalten, also das Dienstpersonal. Kaum ein Bauer bekam damals noch Dienstboten und so war es kein Wunder, wenn sie einheitlich meinten: Den Stoßzügel haben sie uns genommen, am Sonntag kriegen wir kein Fleisch mehr und Ehhalten gibt es auch nicht mehr. „Aba wähjln sollt mas. Na, da tuama nöt mit!"

Ein glänzender Redner

Max Binder kann nicht nur spannend und unterhaltsam erzählen, er war auch stets ein glänzender Redner. Er wußte genau, wie man seine Zuhörer anspricht und mit was man ihre Zustimmung erreichen kann. Über seine Redepraxis sagt er selbst. „Ich habe alle meine Reden selbst gemacht. Dazu genügte mir meist ein kleiner Zettel, nicht größer als eine halbe Postkarte. Da habe ich mir nur die wichtigsten Punkte notiert und die Reihenfolge, wie ich sie vortragen will. Doch nicht immer war Zeit, sich vorzubereiten.

Im Jahre 1948 fand in Zwiesel eine Versammlung aller Heimatvertriebenen im Landkreis statt, zu der der bekannte sudetendeutsche Politiker Wenzel Jacksch als Hauptredner auftrat. Landrat Max Köckeis aus Zwiesel mied solche Veranstaltungen nach Möglichkeit. So bat er mich wenige Stunden vor Beginn, er sei krank und ich sollte dort doch den Landkreis vertreten. Sprechen brauche ich nichts.

```
Kreisverband der CSU              Kötzting, 10.8.57
K ö t z t i n g                   Auf der Rast 7


Sehr geehrter Herr Abgeordneter!
Unter Bezugnahme auf Ihre diesbezügliche Unterredung mit Herrn
MdB Dr. Dittrich in Kötzting bitte ich Sie in unserem Landkreis
(Kötzting) Versammlungen zu halten.
Die für Sie vorgesehenen Versammlungsorte ersehen Sie aus bei-
liegendem Versammlungskalender jeweils besonders unterstrichen.
Sie sind häufiger zu Rednerdiensten eingeteilt, da Sie zu unseren
besten Rednern zählen.
Ich wäre Ihnen sehr dankbar, wenn Sie mir umgehend Ihre Zusage
geben würden.
                          Mit freundlichen Grüßen
```

Auf dem Zwieseler Stadtplatz fand also die Kundgebung statt. Für die Ehrengäste hatte man einige Wirtshausbänke aufgestellt, da saß ich in der 2. Reihe als stellvertretender Landrat. Es wurde begrüßt, Wenzl Jacksch sprach über die Anliegen und Forderungen der Vertriebenen und dann stieg der Kundgebungsleiter aufs Podium und verkündete: „Jetzt spricht zu uns der stellvertretende Landrat Max Binder!" Was wollte ich da machen. Ich stieg also hinauf aufs Podium und begann zunächst, die Lage und Verhältnisse der Vertriebenen im Landkreis darzulegen, anschließend das Problem aus der Sicht der Einheimischen zu schildern. Dann bestätigte ich den Vertriebenen, daß sie ein ganz schweres Los getroffen habe, daß sie aber jetzt nicht verzagen sollten. Mit guten Willen und beiderseitigem Verständnis werde man auch diese schwere Zeit meistern. Was der Landkreis dazu tun könne, das werde nach Kräften geschehen.

Meine Rede war natürlich nicht so kämpferisch als die von Wenzl Jacksch, doch ich bekam überraschenderweise nicht wenig Beifall. Und so ist es mir in meiner langen politischen Laufbahn häufig gegangen, daß ich spontan aus dem Stegreif sprechen mußte. Ich hatte da nie Probleme. Mehrfach wurde mir bestätigt, daß ich ein guter Redner war."

Rede in Neapel, Kranzniederlegung in Washington

Durch seine politische Tätigkeit und die zahlreichen Ämter, welche Max Binder bekleidete, kam er natürlich in den vielen Jahren beruflicher Aktivitäten oftmals ins Ausland. Von den vielen Exkursionen, Tagungen und Studienreisen erinnert er sich an zwei noch ganz besonders:

„Im Jahre 1966 tagte der Rat der Gemeinden Europas in Neapel in Italien. Ich sprach dort über die Probleme des Grenzlandes am Eisernen Vorhang. Natürlich erläuterte ich auch einige Vorschläge für Fördermaßnahmen von überörtlicher Bedeutung. Ein Jahr später bekamen wir auch

Am 7. Oktober 1965 legte Max Binder als Sprecher einer Abordnung des Bayerischen Gemeindetags am Grab des ermordeten US-Präsidenten John F. Kennedy auf dem amerikanischen Heldenfriedhof Arlington bei Washington einen Kranz nieder. Landrat Max Binder steht links hinter dem Kranz.

Zuschüsse von der Europäischen Gemeinschaft aufgrund dieser Darstellungen, hauptsächlich für die Fernwasserversorgung Bayerischer Wald. Insgesamt waren dies 2 Millionen DM für die niederbayerischen Gemeinden nördlich der Donau.

An dieser Tagung nahm außer mir nur noch ein weiterer deutscher Bürgermeister teil, und zwar aus dem Raum Hamburg. Der referierte über den Küstenschutz an der deutschen Nordseeküste.

Ein ganz besonderer Tag war für mich der 7. Oktober 1965. Der Bayerische Gemeindetag flog mit einer Abordnung auf Einladung des US-amerikanischen Gemeindetages zu einer zehntägigen Rundreise in die USA. In Washington war ein Empfang durch die deutsche Botschaft und dann fuhren wir zum US-Soldatenehrenfriedhof Arlington, wo ich als Sprecher der Abordnung einen Kranz des Bayerischen Gemeindetages am Grab des ermordeten Präsidenten John F. Kennedy niederlegte. Dazu war eine Ehrenformation der US-Army aufgezogen und wir waren alle tief beeindruckt.

Schwerpunkte der Landtagsarbeit

In der 1. Wahlperiode, in dem ich als Abgeordneter dem Bayerischen Landtag von 1954 bis 1958 angehörte, war ich Mitglied im Sozialpolitischen Ausschuß. Da war ein Staatssekretär im Arbeitsministerium, der sich sehr für ein Blindengeld einsetzt, was ich, zum Teil aus eigener Erfahrung in der Familie, nach Kräften unterstützte. Wir haben es dann auch geschafft, daß die völlig Erblindeten im Monat damals 120 DM bekamen.

In der nächsten Wahlperiode habe ich mich dann um einen Sitz im Wirtschaftsausschuß bemüht und bin da auch hineingekommen. Damals gab es den sogenannten 160er Ausschuß, dem ich auch angehörte. Er war zuständig für Kredite für Firmenansiedlungen. Damals haben wir auch einen größeren staatsverbürgten Kredit der Fa. Glas in Dingolfing gewährt, der durch seine Sähmaschinen, noch mehr aber durch das Goggomobil, bekannt geworden war. Ich kam dann auch auf eigenen Wunsch in den Grenzlandausschuß und konnte da manche Hilfe der Wirtschaft entlang des Eisernen Vorhangs zukommen lassen.

Ein besonders Anliegen war mir der kommunale Finanzausgleich. Da ich lange Zeit Bürgermeister gewesen war und ab 1960 auch Landrat, wußte ich hier wirklich Bescheid.

Die Sache war so: In meinem Stimmkreis lag die steuerschwächste Gemeinde Bayerns, nämlich Rimbach bei Kötzting mit einer Steuerkraft von 9,40 DM pro Einwohner. In München war die Steuerkraft dagegen weit über hundert DM. Das war klar, daß die Gemeinde Rimbach kaum etwas für ihre Einwohner tun konnte im Gegensatz zum damals reichen München.

Da ging ich einmal ins Bayerische Statistische Landesamt, um mir dort Zahlen für eine Rede im Plenum zu diesem Thema zu holen. Dabei stellte ich fest, daß der zuständige Mann dort, ein gewisser Glashauser, aus Bodenmais stammte. Da haben wir bald Gemeinsamkeiten gefunden und dieser Mann hat mich dann sehr unterstützt. Der stellte Vergleiche an zwischen der steuerschwächsten Gemeinde Rimbach und der steuerstärksten im Landkreis Regen, nämlich Frauenau. Dann machte er Proberechnungen, wenn man das so und so macht, dann kämen für die schwachen Gemeinden soviel heraus, wenn man es anders macht, dann soundsoviel. Oft sagte er mir: „Dös muaß i erscht ausrechna, kimmst in ara Wocha wieda!"

Natürlich waren die steuerstarken Gemeinden weniger interessiert, den steuerschwachen etwas abzugeben, darum war das Thema nicht besonders populär.

Dann kam ein Winter mit besonders viel Schnee. Da gab es dann Staatszuschüsse für die Gemeinden aus dem Straßen- und Wegegesetz. Da bin ich wieder im Landtag aufgestanden und habe geschildert, daß es im Gäuboden vielleicht zehn Zentimeter Schnee gehabt habe, im Bayerischen Wald auf abgelegenen Straßen aber bis zu zwei Meter. Da könne man diese Zuschüsse nicht nach der Straßenlänge verteilen. Damals gab es außer in Passau und Straubing kein einziges Gymnasium im Bayerischen Wald, nicht einmal Deggendorf hatte damals eines. Wo bleiben hier die gleichen Chancen für Stadt und Land? fragte ich.

Nun machte die CSU-Fraktion wie alle anderen auch jedes Jahr eine Fraktionsfahrt in einen bestimmten Teil Bayerns. Bei einer dieser Fahrten waren wir zunächst in der Oberpfalz und haben dann in Regensburg übernachtet. Diesmal durften die Damen auch mit teilnehmen. Am anderen Morgen bin ich dann mit meiner Frau in den Sonderzug nach Passau eingestiegen. Da ging Ministerpräsident Alfons Goppel durch den Zug, sieht uns sitzen und kommt zu uns ins Abteil. Mit den Goppels waren wir sehr befreundet. Nach wenigen Minuten geht die Türe auf und Landtagspräsident Rudolf Hanauer fragt: „Derfa mir a no kemma?" Mit dem Ehrpaar Hanauer waren wir auch seit längerem gut bekannt. Landtagspräsident Hanauer hatte den Pokal für das große Eisstockturnier auf dem Regener See gestiftet und oft auch selbst überreicht. Nun haben sich die drei Frauen in die eine Ecke gesetzt und wir drei Männer saßen am Abteilfenster zusammen. Da sagte der Ministerpräsident zu mir: „Du, jetzt sog amol, du machst imma den Berichterstatter beim kommunalen Finanzausgleich. Wie ist denn des eigentlich und wie sollt der denn nach Deiner Meinung funktionieren?" Da habe ich ihnen beinahe bis Passau einen Vortrag gehalten, habe Beispiele aufgezählt. Von da an gab es mit dem kommunalen Finanzausgleich keine Probleme mehr. Goppel und Hanauer unterstützten mich bei meinen Anliegen für den Bayerwald wo sie nur konnten.

Ein Rätsel, wie ich das alles schaffte

Es ist mir heute noch ein Rätsel, wie ich die beiden Ämter, nämlich Abgeordneter in München und Landrat in Regen, zusammen schaffte. Meist war ich drei Tage der Woche in München mindestens. Gewohnt habe ich bei meiner Schwester in der Stuckstraße. Ihr Mann war Zugführer bei der Bundesbahn. Die Abgeordneten hatten eine Freikarte für die Eisenbahn und die öffentlichen Verkehrsmittel des Bundes. Wenn ich mit dem Zug in München ankam, fuhr ich mit der Straßenbahn zum Maximilianeum, das kostete anfangs 25 Pfennige. Meine Frau hat zu Hause öfter notiert, wieviele Stunden ich in einer Woche unterwegs war. Da hat sie mir dann immer den Zettel gezeigt: 90 Stunden, 94 Stunden.

Damals bekam ich als Landtagsabgeordneter 750 DM im Monat. Davon gingen aber noch alle möglichen Beiträge, Abgaben und Auslagen ab. Als Landrat hatte ich zwar einen Dienstwagen, den durfte ich aber privat nicht benützen. So mußte ich jeden Tag für die Fahrt von meiner Wohnung in Kirchberg ins Landratsamt Regen pro Kilometer zehn Pfennige bezahlen. Heute kann der Landrat mit seinem Dienstwagen hinfahren, wohin er will und aus welchem Anlaß auch immer."

Freunde und Bekannte

Wer so lange im öffentlichen Leben und in bedeutenden Positionen tätig ist, der hat selbstverständlich auch zahlreiche und namhafte Freunde und Bekannte. Diese aufzuzählen und die Erlebnisse mit ihnen zu schildern, würde ein eigenes Buch füllen. Doch drei seien herausgegriffen, der Volksmusik-Komponist Ferdinand Neumaier (1890 bis 1969), der Passauer Altbischof Dr. Antonius Hofmann, geboren 1909 in Rinchnach, und der Dichter Siegfried von Vegesack, der von 1918 bis zu seinem Tod 1973 auf Burg Weißenstein lebte.

Ferdinand Neumaier

Die Geburtshäuser von Ferdinand Neumaier und Max Binder liegen gerade hundert Meter voneinander entfernt. Sie sind zwar altersmäßig 21 Jahre auseinander, trotzdem verband die beiden Männer eine echte und feste Freundschaft. Es verging kein Besuch des in Landshut lebenden Komponisten Neumaier in Kirchberg, bei dem er nicht auch dem späteren Bürgermeister, Landtagsabgeordneten oder Landrat einen Besuch abstattete. Und immer brachte er dabei ein paar Notenblätter mit von seinen neuesten Melodien und Liedern. Das bekannteste seiner beinahe hundert Lieder ist das zur Bayerwald-Hymne gewordene Lied „Mir san vom Woid dahoam". Und bevor sie auseinandergingen, da haben sich die beiden Männer hingesetzt und haben zum Abschied dieses Lied gesungen. Ohne Instrumentenbegleitung, nur aus Spaß an der Freud und aus Liebe zur Heimat, zum „Woid". Natürlich ist dieses Lied seit Jahren Max Binders Lieblingslied und deswegen trägt dieses Buch auch den Titel des Liedes, allerdings in etwas abgeänderter Form.

Der Komponist Ferdinand Neumeier

Bischof Dr. Antonius Hofmann

Bischof Dr. Antonius Hofmann wurde 1909 als Brauereibesitzerssohn in Rinchnach, unweit von Kirchberg, geboren. Von den beiden Brüdern bekam einer Brauerei und Gasthof, der andere wurde Priester. Über seine Verbindung zu Dr. Hofmann erzählt Max Binder.

„Als ich Landrat war, hatte ich ein sehr enges Verhältnis zu Bischof Dr. Hofmann. Ich war auch zu seiner Bischofsweihe eingeladen. Zwischen Kirchberg und Rinchnach bestand eine stets gute und langjährige Verbindung. So sind früher die Rinchnacher zu einem der Bittgänge nach Kirchberg gegangen und umgekehrt. /

In den 60er Jahren gab es ein Programm, da konnte jedes Dorf einen Zuschuß von 1000 DM für den Bau einer Dorfkapelle bekommen. Davon haben einige Dörfer im Landkreis Gebrauch gemacht, wie beispielsweise Widdersdorf oder Unternaglbach. Natürlich haben wir dann immer zur Kapellenweihe den aus unserem Landkreis stammenden Bischof eingeladen und er kam auch immer, wenn es irgendwie ging.

Eines Tages fragte er mich, ob ich nicht einmal vor den Seminaristen, die kurz vor der Priesterweihe sind, über aktuelle politische Probleme sprechen möchte und dabei auch eine Diskussion zuließe. Freilich war ich damit einverstanden. Die Veranstaltung fand in Passau in einem Saal des Seminargebäudes am Domplatz statt. Dr. Antonius Hofmann war damals Bischof-Koadjutor, er hatte also das Recht, später auf den Bischofsstuhl nachzufolgen. Dr. Hofmann stellte mich den Seminaristen vor und zog sich dann in seine Wohnung zurück. Beim Hinausgehen flüsterte er dem zunächst der Türe sitzenden Studenten zu: „Wenn die Diskussion aus ist, dann führen sie den Herrn Landrat zu mir!" Ich hielt also einen Vortrag über die bayerische Politik und ihre Schwerpunkte und dann begann eine sehr lebhafte Diskussion. Als die Veranstaltung zu Ende war, kam der Student und drängte mich zwar höflich, doch bestimmt, jetzt zu gehen. Draußen stand mein Dinstwagen. Ich stieg ein und fuhr ab. Da sah ich, wie ein Fenster aufging und der Bischof mir mit großer Geste zuwinkte. Ich winkte zurück und fuhr heim."

Erst einige Zeit später klärte sich das Verhalten des Bischof auf. Der Student hatte die Bitte des Bischofs falsch verstanden. Anstatt „dann führen Sie den Herrn Landrat zur mir", hatte dieser „dann führen Sie den Herrn Landrat zur Tür" verstanden. In seiner Wohnung wartete aber Bischof Hofmann vergebens mit dem Abendessen auf den Referenten. Als er mitbekam, daß dieser abfuhr, wollte er ihn vom Fenster aus noch

Die alte Dorfkapelle von Unternaglbach, fotografiert im August 1964.

zurückhalten, was aber wiederum Landrat Binder als Geste des Abschieds wertete.

Die ungewöhnliche Firmung

„Die Geschichte hatte noch ein Nachspiel. Ich hatte einige Zeit später ein Firmkind aus der Nachbarschaft mit Namen Alois Wenig. Er ist übrigens seit 1996 1. Bürgermeister von Kirchberg. Die Firmung war in Regen angesetzt. Doch an diesem Tag fand im Landtag in München eine wichtige Abstimmung statt, zu der Präsenzpflicht angeordnet war. Ich bat daher, meinen Firmling etwas später in Zwiesel zur Firmung bringen zu dürfen, was genehmigt wurde. Schließlich standen wir in der Zwieseler Kirche unter all den anderen Firmkindern und Firmpaten. Dann begann die Firmung. Voraus ging ein Priester und sprach ein Gebet, dann folgte ein weiterer Geistlicher, der den Namen des Firmkindes und des Firmpaten verlas und dann kam Bischof-Koadjutor Dr. Hofmann und spendete die Firmung. Als er mich sah, hielt er plötzlich inne und sagte halblaut zu mir: „Gell', Herr Landrat, san's mir nimma bös!" Dann hat er in aller Würde und Feierlichkeit die Firmung fortgesetzt.

Kirchenweihe in Zell

Am 9. Oktober 1966 wurde die Kirche St. Josef in Zell von Bischof-Koadjutor Dr. Hofmann feierlich eingeweiht. Das Versehen bei meinem Vortrag in Passau war ihm anscheinend noch immer in Erinnerung, denn er sagte gleich zu mir: „Ich hab' eine gute Flasche Wein mitgebracht. Die trinken wir anschließend gemeinsam!" Nach der Weihe ging alles in den Saal des Gasthauses Wurzer. Da meinte er zu mir: „Die trinken hier alle Bier, da können wir allein nicht Wein trinken. Weißt was, die Flasche nimmst' mit und trinkst sie zu Hause!" Damit gab er mir die Flasche und so hab' ich halt zu Hause den Bischofswein mit meiner Frau Anneliese getrunken.

Bei der Kircheneinweihung in Zell am 9. Oktober 1966: Bischof-Koadjutor Dr. Antonius Hofmann und Landrat Max Binder.

Landrat als Ministrant

Kirchberg soll früher ja Gotthardsberg geheißen haben. Der hl. Gotthard war bekanntlich später Bischof in Hildesheim. Und so kam es über den hl. Gotthard zu einer kommunalen Partnerschaft mit dem Landkreis Hildesheim. Diese Vereinigung machte dem Landkreis Regen einen Besuch, als ich noch Landrat war. Die Gäste waren in Poschetsried untergebracht. Von dort haben wir mit ihnen einen Ausflug nach Rinchnach und Passau gemacht. Die Kirchenführung in Rinchnach hatte ein Pater aus Niederalteich übernommen. Die Gäste waren tief beeindruckt. Am Ende fragte der Pater die Besucher aus Hildesheim, ob sie vielleicht noch einem kurzen Gottesdienst beiwohnen wollten, den er gerne zelebrieren würde. Die Gäste stimmten freudig zu, obwohl die Mehrzahl von ihnen evangelisch war. Jetzt war aber so schnell kein Ministrant aufzu-

Bischof Heinrich Maria Jansen von Hildesheim (rechts) besuchte 1969 die Stadt Regen. Links von ihm sein Generalvikar, dann 1. Bürgermeister Reitbauer und Landrat Max Binder.

treiben. Da habe ich halt ministriert. Die Freunde aus Norddeutschland waren sprachlos. Wir fuhren dann weiter zum Passauer Dom, wo Bischof Dr. Hofmann selbst die Domführung übernahm. Auch das war natürlich ein großes Erlebnis für die Hildesheimer. Von diesem Erlebnis haben sie noch nach Jahren gesprochen. So etwas hätten sie noch nie erlebt: Ein Bischof als Kirchenführer und ein Landrat als Ministrant. So sind der Bischof und ich im Laufe der Zeit alte Freunde geworden, für die auch das Neumaier-Lied voll gilt: Mir san vom Woid dahoam!"

Der Dichter Siegfried von Vegesack

„Natürlich kannte ich den Dichter und Schriftsteller Siegfried von Vegesack sehr gut. Ich habe ihn des öfteren auf der Burg Weißenstein besucht, wo er bekanntlich wohnte. Da haben wir uns sehr interessant unterhalten. Dann traf ich ihn auch auf offiziellen Veranstaltungen, zu denen er als sicher bekanntester Dichter des Bayerischen Waldes eingeladen war. Später kam er dann zu mir und bat um die Erlaubnis, unmittelbar hinter dem Wohnturm der Burg auf dem Pfahl begraben zu werden.

Der Dichter Siegfried von Vegesack mit seinem Totenbrett

Das mußte ich leider ablehnen, weil die gesetzlichen Bestimmungen dagegen sprachen.

Im Jahre 1964 bekam Siegfried von Vegesack den OBAG-Kulturpreis. Die Überreichung war in Landshut und ich war auch dazu eingeladen. Da habe ich ihn gleich im Dienstwagen mitgenommen, da er selbst kein Auto hatte. Als wir nach der offiziellen Feier zusammensitzen, meinte Regierungspräsident Dr. Ludwig Hopfner zu dem neuen Kulturpreisträger: „Herr von Vegesack, haben Sie einen Wunsch, den wir Ihnen erfüllen können?" Da antwortete Siegfried von Vegesack: „Ja, ich habe einen. Ich möchte direkt oben auf dem Pfahl und hinter der Burg Weißenstein begraben werden! Das ist mein einziger Wunsch!" Als Dr. Hopfner erfuhr, daß ich das schon abgelehnt hatte, wollte er auch nicht zusagen. Später meinte er zu mir, er hätte angenommen, der Dichter würde um einen Zuschuß oder etwas ähnliches bitten. Schließlich wurde die Angelegenheit amtsmäßig behandelt. Der Vorgang wurde immer dicker, die Stellungnahme von Naturschützern und Rechtskundigen, von Bürgermeister, Landrat, Kirche und was noch alles brauchten ihre Zeit, doch schließlich hatte der Dichter es geschafft: Er bekam die Ausnahmegenehmigung, nach seinem Tod auf dem Pfahl beerdigt zu werden."

Siegfried von Vegesack verstarb 1973 und wurde dann wunschgemäß auf dem Pfahl in Weißenstein beigesetzt. Dort steht heute noch sein Totenbrett, für das er folgenden Vers gedichtet hatte.

„Hier, wo ich einst gehütet meine Ziegen,
Will ich vereint mit meinen Hunden liegen
Hier auf dem Pfahle saß ich oft und gern.
O Wanderer schau dich um und lobe Gott den Herrn!"

Sein Totenbrett hatte er schon Jahre vor seinem Tod anfertigen und mit seinen Lebensdaten beschriften lassen. Er bewahrte es unter einer Couch in seinem Arbeitszimmer auf.

Wie ihn Freunde sehen

Man könnte hier seitenweise auch die Meinungen der Freunde und Bekannten von Max Binder über ihn anführen. Doch auch hier seien nur drei herausgegriffen, welche diesen verdienten Mann seit Jahren kennen und ohne Ausnahme schätzen. Alle Äußerungen wurden im Jahre 1997 aufgezeichnet:

Altbischof Dr. Antonius Hofmann aus Passau:

„In den Jahren meiner Amtszeit bin ich Herrn Landrat Max Binder bei Einweihungen von Kirchen und anderen kirchlichen Gebäuden sowie bei verschiedenen anderen Gelegenheiten oft begegnet. Herr Landrat Binder hat, so weit ihm dies möglich war, daran teilgenommen und meist auch kurze Ansprachen gehalten. Seine Gedanken waren oft mit Theologie verbunden und auch mit urigem Humor gewürzt, so daß ich des öfteren mir sagte: Davon kannst du dir ein Stück abschneiden, wie man so sagt."

Nachbarin Anna Wenig, geb. 1926:

„Mit der Familie von Landrat Max Binder waren wir immer sehr gut befreundet, besonders mit Frau Binder. Wenn man da etwas gebraucht hat, da gab es nie ein Nein, die Familie war hilfsbereit in allem. Als ich einmal längere Zeit im Krankenhaus war, haben sich die Binder-Töchter wirklich einmalig um unsere Kinder angenommen."

Alois Wenig, Jahrgang 1957, 1. Bürgermeister von Kirchberg im Wald:

„Herr Max Binder ist mir ein großes Vorbild, was meine politische Laufbahn angeht. Mir imponiert auch seine christliche Einstellung, die ich für einen Politiker als Voraussetzungen betrachte. Sein Wissen und sein Rat kommen mir jetzt zugute.

Sein Rat an junge Politiker, wie ich einer bin, lautet: „Man braucht einen gesunden Menschenverstand, Verantwortungsgefühl für andere, ein

Ziel vor Augen und eine klare Richtung, um dieses Ziel zu erreichen. Dazu muß man aber in der Politik gesund sein und eine Frau haben, die einem dabei unterstützt."

Sohn Maximilian Binder in Regensburg sieht seinen Vater so: „Mein Vater ist ein geradliniger, verständnisvoller Mensch, ehrlich und anständig. Obwohl er für seine Überzeugungen mit Leidenschaft kämpfen kann, hat er mit politischen Gegnern keine Feindschaften gehabt. Er trägt Streitigkeiten mit Argumenten aus, und das zäh und ausdauernd. Er ist religiös und tief gläubig und hat dadurch ein Gefühl für andere Menschen. Hier gilt die Maxime: Was man von anderen verlangt, muß man sich auch selbst abverlangen.

Er ist gefühlvoll, zeigt aber diese Gefühle kaum. Im Leben war er stets zurückhaltend: Sowohl beim Essen und Trinken, wie auch in seiner Lebensart. Luxus kannte er nie. Er ist gesellig, ein guter Zuhörer, aber auch ein excellenter Erzähler. Geselligkeit und eine gemütliche Schafkopfrunde gehören zu seinen Lebensfreuden. Uns Kindern gegenüber war er stets liebevoll und großzügig."

Max und Anneliese Binder mit Sohn Max im Jahre 1963

Die Kreissparkasse

Die Eröffnung der Waldbahn 1877 von Plattling nach Bayerisch Eisenstein brachte dem Bayerischen Wald einen gewaltigen wirtschaftlichen Aufschwung. Die Holzindustrie, welche ihre Erzeugnisse jetzt weithin billig versenden konnte, die Steinindustrie und nicht zuletzt die Glashütten hatten Arbeit und Aufträge. Da war es kein Wunder, daß überall Geldinstitute entstanden, wo die Leute ihr Geld zinsbringend einlegen konnten, wo sie aber auch notfalls Geld geliehen bekamen. Vielerorts zeigte sich hier die katholische Geistlichkeit besonders aktiv. So auch in Regen, wo am 1. Januar 1883 die Distrikt-Sparkasse Regen ihren Betrieb aufnahm. Vorsitzender wurde der Benefiziat Franz-Xaver Weinberger, Kassier der Privatier Josef Grübel. Die Führung der Sparkasse wechselte mehrmals und schließlich auch der Name. 1919 wurde aus der Distrikt-Sparkasse die Bezirks-Sparkasse Regen und 1939 dann die Kreis-Sparkasse Regen, die 1972 schließlich noch durch Zusammenschluß zur Sparkasse Regen-Viechtach wurde.

Zwölf Jahre lang hat Max Binder mit dieser Sparkasse aufs engste zusammengearbeitet und hat heute noch Sitz und Stimme im Verwaltungsrat. Er erinnert sich: „Während meiner Tätigkeit als Landrat des Landkreises Regen war ich kraft Amtes Vorsitzender des Verwaltungsrats der „Kreis-Sparkasse Regen". Damals waren die Geschäftsräume noch in der Bahnhofstraße Hsnr. 5. Dieses Gebäude war ursprünglich als Kantine für die Arbeiter am Bahnbau 1872 erbaut worden. 1928 hat die Bezirks-Sparkasse Regen dann das Gebäude gekauft und als Sparkasse umgebaut. Als ich Verwaltungsratsvorsitzender wurde, hatte die Kreis-Sparkasse darin einen Schalterraum und vier Büros. Das war für den ständig ansteigenden Betrieb viel zu eng. Nach langen Verhandlungen gelang es uns dann, auf der Regeninsel ein älteres und bekanntes Gasthaus von Frau Pfeffer anzukaufen. Da es für die Zwecke der Sparkasse nicht umgebaut werden konnte, wurde es 1961 vollkommen abgerissen. Nach zweijähriger Bauzeit wurde 1964 das neue Bankgebäude in Betrieb genommen. Das neue Sparkassengebäude brachte der Sparkasse einen ständig zunehmenden Geschäftsverkehr.

Ich hatte schon 1950 als Bürgermeister mit ihr beim Bau des „Hauses der Bäuerin" zusammengearbeitet und bekam damals für die Gemeinde 10 000 DM Darlehen. Beim Bau der Fernwasserversorgung kam dann die Kreis-Sparkasse ihrer Aufgabe als kommunales Geldinstitut voll nach. Ohne sie hätte das Projekt nicht so schnell verwirklicht werden können.

Ohne die aufopferungsvolle Tätigkeit des damaligen hervorragenden Sparkassenleiters Fritz Glas sowie seiner Vertreter Alfons Aigner und Willi Schubert wäre der Aufstieg der Kreissparkasse Regen in der Zeit meiner Tätigkeit als Verwaltungsratsvorsitzender nicht so problemlos und erfolgreich verlaufen!"

Das Inkombatibilitätsgesetz

Der 5. Bayerische Landtag von 1962 bis 1966 erließ ein Gesetz mit unmittelbaren Auswirkungen auch auf Max Binder. Es war dies das Rechtstellungsgesetz oder, mit einem Fremdwort, das Inkombatibilitätsgesetz. Darunter verstand man die Unvereinbarkeit von Amt und Mandat im öffentlichen Dienst. Damit sollte unterbunden werden, daß ein Landtagsabgeordneter an einem Gesetz im Landtag mitwirkt, das er dann später als Landrat oder Oberbürgermeister vollziehen muß. Max Binder entschied sich daraufhin, von seinen beiden Funktionen die des Landtagsabgeordneten aufzugeben und Landrat des Landkreises Regen zu bleiben. Inzwischen hatte sich Bayern aber von einem Agrarstaat zu einem Industriestaat gewandelt. Die Technik, vor allem im Verkehrs- und Kommunikationswesen, hatte kaum für möglich gehaltene gesellschaftliche Veränderungen mit sich gebracht, so daß im 7. Bayerischen Landtag eine große Gebietsreform beschlossen wurde. Dabei wurden die beiden Altlandkreise Regen und Viechtach zusammengelegt. Dazu Max Binder:

Verabschiedung als Landrat durch die Kreisräte am 27. Juni 1972: Stellv. Landrat Michael Steubl (links) überreicht dem scheidenden Landrat eine Marienstatue.

„Durch besondere Umstände wurde ich nicht mehr als Kandidat der CSU aufgestellt, sondern der bisherige Landrat von Viechtach, Helmut Feuchtinger, der auch zum Landrat des neuen Landkreises dann gewählt wurde. 1972 bin ich dann also als Landrat ausgeschieden. Ich war damals 61 Jahre alt. Nun war ich aber seit 1963 Vorsitzender des Zweckverbandes Fernwasserversorgung Bayerischer Wald und konnte mich nun in dieser wichtigen Aufbauphase voll dieser Aufgabe widmen!"

Der Mann,
der das Wasser brachte!

Zum 85. Geburtstag von Max Binder druckte der „Bayerwald-Bote" in Regen einen großen, fünfspaltigen Artikel über das verdiente Geburtstagskind. Redakteur Wolfgang Ranft überschrieb diesen Bericht mit der treffenden Überschrift: „Der Mann, der das Wasser brachte". und darunter stand. „Bürgermeister, Landtagsabgeordneter, Landrat: Viel war Max Binder, seine größte Tat war die Wasserversorgung!"

Über die Wasserversorgung wenn Max Binder spricht, dann wird er lebhaft. Als junger Bürgermeister hat er 1950 den Kirchbergern endlich das Wasser gebracht, das fließende Wasser aus der Leitung, das immerzu floß und auch bei Trockenheit nicht versiegte. Das war für die Bauern mit ihrem Vieh lebenswichtig. Kirchberg hatte also 1950 Wasser, aber rundum die Ortschaften noch nicht. Da gab es ständige Schwierigkeiten. Dazu kam noch etwas Entscheidendes: Ende der 50er Jahre bemühte sich Max Binder als Bürgermeister bereits um Industrieansiedlungen für die Gemeinde. Die Firmen suchten damals geradezu Orte, welche die nötigen Voraussetzungen für Industrieansiedlungen erfüllten. Dazu gehörte auch, daß diesen ansiedlungwilligen Betrieben eine Wasserversorgung von 4 bis 5 Sekundenlitern Wasser zur Verfügung gestellt werden konnte. Doch das konnten weder Kirchberg, noch größere Gemeinden wie Kötzting, Viechtach, Regen, Freyung oder Waldkirchen.

Max Binder ist jetzt ganz in seinem Element: „Ich habe damals mit mehreren Firmen verhandelt. Alles war lösbar: Die Stromversorgung, der Straßenanschluß, doch bei der Wasserversorgung mußten wir passen. Das war so bei einer ansiedlungswilligen Lederfabrik mit hohem Wasserbedarf als auch mit kleineren holzverarbeitenden Betrieben. Etwas mußte geschehen. Da faßte der Landtag in München den Beschluß, eine

Fernwasserversorgung Franken großen Ausmaßes zu verwirklichen. Sie wurde schließlich auch mit Hilfe des Main-Donau-Kanals zu Beginn der 90er Jahre endgültig Tatsache.

Um Unterlagen für das Projekt „Fernwasserversorgung Franken" zu bekommen, machte man in ganz Bayern eine Erhebung über die Trink- und Brauchwasserversorgung der bayerischen Landkreise. Nach dem Stand der Gebäudezählung von 1961 hatte Niederbayern den schlechtesten Versorgungsstand aller bayerischen Bezirke. Hier hatten in den Landkreisen Anschluß an eine zentrale Wasserversorgung: Bogen 36 Prozent der Haushalte, Deggendorf 35 Prozent, Grafenau 52 Prozent, Kötzting 50 Prozent, Landau 30 Prozent, Passau 37 Prozent, Regen 31 Prozent, Viechtach 41 Prozent, Vilshofen 37 Prozent, Wegscheid 28 Prozent und Wolfstein 32 Prozent. Eine größere Anzahl von Dörfern war damals örtlich überhaupt nicht mit Wasser versorgbar.

Es war klar, hier mußte Abhilfe geschaffen werden. So fanden im Februar 1963 erste Gespräche bei einer Landrätedienstbesprechung bei Regierungspräsident Dr. Ludwig Hopfner in Landshut statt. Dabei referierten die zuständigen Beamten über Möglichkeiten der Abhilfe. Das Ergebnis war: Die Wassermisere ist nicht über die einzelnen Gemeinden, sondern nur über die Landkreise, noch besser über einen Verband mehrerer Landkreise zu lösen. Man beschloß, die Regierung möge für einen Zweckverband, bestehend aus dem Gebiet von zehn Altlandkreisen und der Stadt Deggendorf, eine Verbandssatzung ausarbeiten und zu einer Verbandsgründung einladen.

Am 28., November 1963 war es dann soweit: Im Rathaussaal zu Deggendorf fand die Gründungsversammlung des „Zweckverbandes Fernwasserversorgung Bayerischer Wald" statt. Doch die Versammlung verlief zunächst schwieriger als erwartet. Nachdem man die Satzung diskutiert hatte, schritt man zur Wahl des Vorsitzenden des Zweckverbandes. Hier meldete Landrat Ernst Hofmann von Vilshofen seine Kandidatur an. Doch die Regierung von Niederbayern und das Landesamt für Wasserwirtschaft sprachen sich dagegen aus. Wenn wir schon eine Fernwasserversorgung für den Bayerischen Wald machen, dann kann der Vorsitzende nicht von außerhalb dieses Gebietes kommen. Nun wurde der Landrat von Grafenau, Dipl.-Ing. Anton Bogenstätter vorgeschlagen. Das Landesamt für Wasserwirtschaft schlug auch mich als Vorsitzenden vor. Ich lehnte ab. Ich sei Landrat und Landtagsabgeordneter, ich könne nicht diesen Posten auch noch machen. Es wurde gewählt, doch weder Hofmann noch Bogenstätter bekamen die erforderliche Mehrheit. Schließlich wurde die Sitzung unterbrochen. Da haben mich dann Regierung und Landesamt bekniet, ich solle doch kandidieren. Schließlich habe ich nachgegeben und gesagt: Na ja, für den Anfang mach' ich es halt. Ich wurde dann fast einstimmig gewählt, da nur ich noch allein zur Wahl stand. Die beiden anderen hatten inzwischen verzichtet. Alle Landkreise des Bayerischen Waldes sind beigetreten mit Ausnahme von Viechtach und, südlich der Donau, von Landau an der Isar.

Als Protokollführer fungierte Regierungsinspektor Max Seibold vom Landratsamt Regen, der dann gleich zum nebenberuflichen Geschäftsführer bestellt wurde.

Schließlich wurde ein Erkundungsprogramm beschlossen: Wo können wir Wasser entnehmen, und zwar zwischen Irlbach und Vilshofen. Dem wurde zugestimmt.

Als ich nach dieser Sitzung als neuer Zweckverbandsvorsitzender nach Regen die Rusel hinauffuhr, kamen mir doch Bedenken. „Mei, wos host denn da wieder für a Dummheit angfangt. Wir hobn ja net amal an Bleistift bei dem Verband". In der Verbandskasse war nicht ein Pfennig. Und da hatten wir Millionenprojekte vor.

Die Wasserversorgung des Bayerischen Waldes 1963

Die Wasserversorgung des Bayerischen Waldes war 1963 zweigeteilt. Die eine Hälfte der Bevölkerung hatte einen Hausbrunnen oder versorgte sich aus einer nahegelegenen Quelle. Die Begriffe Versorgungssicherheit und Trinkwasserschutz waren weitgehend unbekannt. Man kam mit dem vorhandenen Wasser geradeso zurecht. Gab es wenig, schränkte man sich ein. Bäder oder Waschmaschinen waren noch Ausnahmen im Normalhaushalt.

Die andere Hälfte der Bevölkerung war an eine zentrale Wasserversorgung angeschlossen, die für den Normalbedarf ausreichte. Der Spitzenbedarf konnte bei längerer Trockenheit nicht mehr gedeckt werden. Hinzu kam, daß der wachsende Fremdenverkehr einen rasanten Anstieg des Wasserverbrauches erwarten ließ. Auch Industrie und Gewerbe würden in Zukunft mit einem höheren Wasserbedarf kalkulieren müssen. Vor diesen Ausgangspunkten beschlossen schließlich auch die Landkreise Landau/Isar und Viechtach 1964, dem Zweckverband noch beizutreten.

Achtzehn Brunnen für das Untersuchungsprogramm

Das Untersuchungsprogramm wurde ausgeschrieben. Billigster Bieter war das Bauunternehmen Baur aus Schrobenhausen mit einer Angebotssumme von 309 000 DM, für die achtzehn Untersuchungsbrunnen. Regierungspräsident Dr. Hopfner teilte uns dann mit, daß die Landesbodenkreditanstalt in München dem Zweckverband ein Darlehen von 400 000 DM gebe zu folgenden Konditionen: Auszahlung 100 Prozent, Zins 2,75 Prozent, Tilgung 3 Prozent. Was das Wichtigste war: Der Bezirk Niederbayern übernehme zunächst die Tilgung, die zudem auf vier Jahre ausgesetzt wurde. Das war nicht ungünstig, aber für die Aufstellung des Vorentwurfs kam bereits die erste Rechnung an den Zweckverband. „Da können wir gleich wieder aufhören", sagten wir uns. Doch dann haben wir trotzdem weitergemacht und zunächst Gebührenstundung beantragt und genehmigt bekommen.

Zur zweiten Zusammenkunft am 20. Januar 1964 wurde dann mündlich eingeladen, da die Geschäftsstelle des Zweckverbandes noch nicht arbeitsfähig war. Da fehlten noch Papier und Bleistifte. In dieser Sitzung verpflichtete sich die Stadt Deggendorf, sofort nach dem Anschluß an das Wassernetz des Zweckverbandes von diesem das Wasser abzunehmen. Die Stadt Deggendorf versorgte sich damals zu 100 Prozent selbst mit Wasser. Sie hatten eine Wasseraufbereitung an einem Bach, doch das Wasser war nicht das beste.

Man einigte sich, den ersten Bauabschnitt mit einer Summe von 43 Millionen DM in Angriff zu nehmen. Damit die Landkreise im Unteren Bayerischen Wald angeschlossen werden konnten, mußte dazu auch ein Donaudücker zwischen Hengersberg und Winzer geplant und gebaut werden.

Landesvater ohne Geld

Am 23. Oktober 1964 wurde in Anwesenheit von Ministerpräsident Dr. Alfons Goppel der Einzug des Donaudückers sozusagen als „Erster Spatenstich" für die gesamte Fernwasserversorgung feierlich begangen. Dieser Donaudücker bestand aus zwei jeweils 50 Zentimeter dicken Rohren. Die wurden auf einem Holzschlitten aufmontiert. Vorher hatte man einen Graben quer zur Flußrichtung ausgebaggert. Dieser war zwei Meter tief und dahin sollten die Leitungen verlegt werden. Der Dücker war so lang wie die Donau bei Hochwasser breit wird. Gebaut und eingezogen hat den Dücker das Bauunternehmen Riepl aus Regensburg.

Durch den Kiesaushub war am Ufer ein riesiger Kiesberg entstanden. Zur Verlegung des Dückers war alles erschienen, was irgendwie Rang und Namen hatte und mit der Angelegenheit in Zusammenhang gebracht wurde. Fahnen wehten, Musik spielte, und dann ging es los. Am Nordufer der Donau stand ein Raupenfahrzeug, welches den Dücker langsam in das Kiesbett der Donau ziehen sollte. Doch nach etwa sechs Metern riß das Stahlseil. Man besorgte neue Seile und spannte zwei Raupen an. Nach zwei Metern rissen auch die neuen Seile. Nun hatte das ganze schon beinahe zwei Stunden gedauert. Da entschloß man sich, diesen Versuch abzubrechen. Die Ingenieure der Firma Riepl entschieden, den Drücker später hydraulisch einzuziehen. Mit Raupen lasse sich das doch nicht machen.

Jetzt war aber alles für eine größere Feier in Thundorf in einem Wirtshaussaal vorbereitet. Man beschloß also nach Zustimmung durch den Ministerpräsidenten, daß man das Richtfest jetzt trotzdem feiern sollte.

Da sind dann im Saal die Kinder der Volksschule Thundorf aufmarschiert und haben schöne Lieder gesungen und zum Schluß noch auf den Landesvater ein mehrstimmiges „Hoch soll er leben!" Goppel war sehr beeindruckt, zumal die allgemeine Stimmung trotz des Fehlschlags immer besser wurde. Dann bedankte sich Alfons Goppel bei den Kindern und den begleitenden Lehrern und sagte zum Schluß: „Weil ihr so schön gesungen habt, spendiere ich für Eure Schule 200 Mark!" Alles war begeistert. Doch da raunte der Persönliche Referent Goppels, ein Herr Schacke, ihm zu: „Herr Ministerpräsident, wir haben heuer kein Geld mehr. Es ist schon alles ausgegeben." Da bin ich schnell zu Goppel hingegangen und sagte ihm: „Herr Ministerpräsident, wir leihen Ihnen einstweilen die 200 Mark!" Da haben wir dann zusammengelegt und haben dem Referenten das Geld übergeben und so kamen die Thundorfer Kinder an diesem Tag doch noch zu der Spende des Staatsoberhauptes. Der Referent versicherte mir, daß ich gleich nach Neujahr das Geld wieder zurückbekomme.

Das Essen war dann ausgezeichnet, sowohl Suppe als auch Schweinebraten. Nach dem Essen stellten sich die Kinder auf, um nochmals zu singen. Dabei stieß eines von ihnen den Ofen so kräftig an, daß das Ofenrohr herunterfiel. Das war ein langer, wohl drei Meter langer Ofenschlauch und der Ofen war geheizt. Es war ja Oktober und schon kalt. Der Rauch stieg auf, Ruß flog umher, doch einige Riepl-Arbeiter sprangen wie der Blitz hinzu und bis man sich versehen hatte, war das Ofenrohr wieder intakt.

Das gab natürlich ein Riesengelächter und die Stimmung stieg noch mehr und „grad 'schö wars". Das war insgesamt eine einmalige Sache."

Woher kommt das Wasser?

Die Grundfrage war natürlich: Woher nimmt man das Wasser für die rund eine halbe Million Menschen, welche im Gebiet des Zweckverbandes leben? Da kristallisierte sich nach allen Untersuchungen und Proben eine Versorgung aus zwei Wassergebieten heraus. Das eine waren die Grundwasservorkommen im Gebiet der Isarmündung bei Moos, das andere war der noch zu errichtende Trinkwasserspeicher bei Oberfrauenau. Doch beide Wasser sind in ihrer Qualität völlig unterschiedlich. Das Mooser Wasser hat einen Härtegrad von 18 bis 24. Dagegen hat das Münchner Leitungswasser einen Härtegrad von 16,8, Landshut 21,5, Kitzingen 27,5, Ingolstadt von 25. Als für den Menschen gesündestes Wasser gilt das mit einem Härtegrad von 4 bis 5. Das wäre auch das beste für den Betrieb von Kaffee- und Waschmaschinen.

Es wäre nun einfach gewesen, das harte Mooser Wasser einfach mit dem weichen Frauenauer Wasser zu mischen, damit ein gesundes Mischwasser zustande gekommen wäre. Doch das ging nicht. Das Mooser Wasser ist kohlensäurearm. Da hätte man Kohlensäure zugeben müssen, doch damit wurde das Mooser Wasser lasch und trüb. Man hat daher eine Aufbereitung konzipiert, in der dem Frauenauer Wasser Kalk zugesetzt wird, so daß es mit 4 bis 5 Härtegrade in die Leitungen fließt. Aus den Grundwasserwerken im Donautal konnte man 500 Liter pro Sekunde entnehmen, aus der Trinkwassertalsperre des Kleinen Regen bei Frauenau ebenfalls 500 Sekundenliter. Doch ließ sich diese Menge in der Spitze bis auf 1 500 Liter pro Sekunde steigern. Aber soweit war man damals noch nicht.

Erster Bauabschnitt bewilligt

Im April 1965 wurde der erste Bauabschnitt mit 43 Mio. DM bewilligt. Da war vom Untersuchungsprogramm bis zu den Brunnenbohrungen alles dabei. Um möglichst viele heimische Baufirmen zu beteiligen, haben wir das ganze in Bauabschnitte eingeteilt. 1970 konnte dann das

Grundwasserwerk Moos mit 10 Millionen DM Kosten in Betrieb genommen werden. Bis dahin waren bereits 321 Baulose mit über 401 Millionen DM baureif. Am 20. Februar 1973 ist das Betriebsgebäude Deggendorf fertig geworden. Am 20. Juli 1983 war die Aufbereitung Flanitz betriebsbereit.

Talsperrenweihe

Ein in diesen Ausmaßen einmaliges Bauwerk war die Trinkwassertalsperre am Kleinen Regen bei Frauenau. 1979 wurde mit ihrem Bau begonnen, am 24. September 1984, also nach fünfjähriger Bauzeit, wurde das Bauwerk eingeweiht. Mitten im urwaldähnlichen Hochwald wurde dafür eine beinahe hundert Hektar große Fläche gerodet und ein 73 Meter hoher Erdschüttdamm errichtet, der größte in der damaligen Bundesrepublik. Er staut die Wasser des Kleinen Regen und des Hirschbaches so auf, daß ein 90 Hektar großer und 68 Meter tiefer Trinkwassersee entstand. Er fast 21,5 Millionen Kubikmeter Wasser. Für den 700 Meter langen Erddamm wurden rund 2,5 Millionen Kubikmeter Steine und Erdreich verbraucht.

Von hier aus werden über die Trinkwasseraufbereitungsanlage Flanitz etwa 400 000 Einwohner des Bayerischen Waldes bis hinauf in den Landkreis Cham mit bestem Trinkwasser versorgt. Bayerns Innenminister Dr. Karl Hillermeier nannte die Talsperre bei der Einweihungsfeier einen „tragenden Stein in der bayerischen Wasserversorgung". Man war sich einig: Dies ist ein Markstein in der Geschichte des Bayerischen Waldes.

Das Wasser des Trinkwasserspeichers

Das Wasser aus der Talsperre hat durchschnittlich nur drei Härtegrade und zudem aggressive Kohlensäure. Solches Wasser greift aber Beton und Eisen an, also auch die Rohrleitungen. Zudem enthält es nach kräftigen Niederschlägen Trüb- und Schwebstoffe. Eine gewisse Regulie-

Die Trinkwassertalsperre Frauenau

rung ist hier schon dadurch möglich, daß man am Entnahmeturm das Wasser aus verschiedenen Tiefen abfließen lassen kann.

Um einwandfreies Trinkwasser zu erhalten, hat man in Flanitz eine Aufbereitungsanlage errichtet. In der ersten Stufe werden die Trüb- und Schwebstoffe entfernt, in der zweiten wird das Wasser aufgehärtet und das erforderliche Kalk-Kohlensäure-Gleichgewicht hergestellt. Dies alles wird auf das Milligramm genau überwacht und gesteuert. Zudem wird das Wasser vor der Abgabe ins Versorgungsnetz noch desinfiziert, um eine hygienisch einwandfreie Qualität auch über den zum Teil sehr weiten Versorgungsweg in den Leitungen sicherzustellen.

Das seit 1970 an die Abnehmer südlich der Donau abgegebene Wasser aus dem Grundwasserpumpwerk Moos muß natürlich auch aufbereitet werden. Es wird zunächst über eine Kaskadenbelüftung mit Sauerstoff angereichert. Dabei bilden sich Eisen- und Manganoxide, welche in den folgenden Quarzkiesfiltern zurückgehalten werden. Ständige Untersuchungen im eigenen Labor und durch die staatlichen Gesundheitsbehörden aus allen Teilen des weiten Versorgungsnetzes gewährleisten eine ständig gleichbleibende einwandfreie Trinkwasserqualität.

Während das Mooser Wasser mit großen Pumpen in alle Teile des Versorgungsgebiets gepumpt wird, liegt der Wasserspiegel der Talsperre bei Frauenau mit 767 Meter Höhe um 450 Meter höher als das Grundwasserpumpwerk Moos. Es fließt allein durch das Gefälle zum größten Teil des Versorgungsgebietes zu.

Öffentliche Meinung wandelte sich

Nur zwei Beispiele, wie prekär die Wassersituation damals war. Am Pfingstsonntag 1979, so berichtete Landrat Dr. Georg Karl von Deggendorf, brach die Wasserversorgung der Gemeinde Bernried vollkommen zusammen. Es mußte der Notstand ausgerufen werden. Leute des Zweckverbandes, Feuerwehr und Bundeswehr wurden eingesetzt und konnten eine provisorische Verbindung zur schon bestehenden Fernleitung Deggendorf – Bogen herstellen. Da merkten die Menschen sofort, was eine funktionierende Fernwasserversorgung wert war. Das andere Beispiel erzählt Max Binder so:

„Zum 1. Juli 1973 hatte in Regen der langjährige 1. Bürgermeister Reitbauer sein Amt niedergelegt, zum Nachfolger wurde Heinz Wölfl gewählt. Dieser rief mich am 20. Juli 1983 abends um 10 Uhr an, um mir mitzuteilen, daß die Wasserversorgung in der Kreisstadt völlig zusammengebrochen sei. Die Feuerwehr fahre mit Lautsprecherwagen durch die Stadt. Es herrsche ein Höllenaufruhr. „Jetzt bin ich noch nicht einmal drei Wochen als Bürgermeister im Amt. Ihr müßt uns helfen, daß wir wieder a Wassa kriagn!"

Der Zweckverband hatte damals bereits eine Leitung nach Regen gebaut, technisch war alles fertig und die Laboruntersuchungen hatten gezeigt, daß das Wasser in einwandfreiem Zustand war. Da habe ich alles alarmiert und von abends 10 Uhr bis früh um 4 Uhr waren wir pausenlos unterwegs. Haben Schieber auf- und zugemacht, Leitungen angeschlossen und um vier Uhr früh war es soweit: Das Wasser aus der Talsperre Frauenau lief nach Regen. Als die Regener früh aufstanden, war überall Wasser da, gutes und unbeschränkt lieferbares. Da sagten die Regener gleich: „Do schaut's den Burgamoasta an, der is kaum im Amt und hot scho a Wassa herbracht, der hot glei wos auf d'Fiaß bracht!"

Und dann wurde erstmals der Zweckverband allgemein öffentlich gelobt und selbst die Gegner haben sich überlegt, was denn geworden wäre, hätte der Zweckverband kein Wasser liefern können.

Bei der Wasserabgabe gibt es natürlich Spitzenzeiten an jedem Tag, in jeder Woche und auch im Jahresablauf. Und es setzt schon in Erstaunen, daß die höchste Wasserabgabe jeweils eine Woche vor den großen Ferien, vor Weihnachten oder Ostern ist. Der Grund hierfür: Im Verbandsgebiet gibt es über 40 kommunale und private Hallenbäder, welche dann ihre Becken für die zu erwartenden Gäste mit neuem Wasser füllen. Ohne den Zweckverband wäre dies heute unmöglich und damit auch der Fremdenverkehr in dem heutigen Umfang im Bayerischen Wald.

Lob der Kreissparkassen

Die Einnahmen aus dem Wasserverkauf waren zunächst minimal. So wurden im erste Jahr nur 167 000 Kubikmeter Wasser zum Preis von 0,45 DM pro Kubikmeter verkauft. Das deckte nicht die Personalkosten. Und dazu brauchten wir immer neues Geld. 1981 hatten wir bereits 340 Millionen DM verbaut. Es gab zwar Staatszuschüsse, doch wir mußten zusätzlich erhebliche Darlehen aufnehmen. Hier half uns die Bayerische Landesbank, vor allem aber die Kreissparkassen. Da ging es oft um Zehntelprozente bei solch hohen Summen. Da wurde schon aktive „Innenspionage" betrieben. Rund 80 Prozent der von uns von Banken besorgten Darlehen kamen von den Kreissparkassen und ich muß sagen: Ohne deren Weitsicht und Engagement hätten wir das Riesenprojekt wohl nicht geschafft. Zumindest nicht in dieser Zeit.

Einige Zahlen der Größe des Projektes: Zum Ende meiner Tätigkeit als Vorsitzender des Zweckverbandes Fernwasserversorgung Bayerischer Wald waren rund 410 Millionen DM in das Vorhaben investiert worden. 5 Brunnen, 38 Quellen, das Grundwasserwerk Moos und die Trinkwassertalsperre Frauenau mit der Aufbereitungsanlage Flanitz gebaut. 810 Kilometer Leitung wurden verlegt und 1 800 Schachtbauwerke ausgeführt. Die 50 errichteten Saug- und Hochbehälter hatten ein Speichervolumen von über 70 000 Kubikmeter. Tausende von Absperrarmaturen, Wasserzählern, Dutzende von speziellen Elektroanlagen mußten installiert werden. 140 Pumpen bringen das Wasser an seine Verbrauchsorte. Über 490 Kilometer Steuerkabel kann das weitverzweigte System von einer Schaltstelle in Deggendorf aus steuern. Der Wasserverkauf ist von 167 000 Kubikmeter im Jahr 1968 über 4,5 Millionen Kubikmeter im Jahre 1978 auf 9,3 Millionen Kubikmeter im Jahre 1995 angestiegen. Der Wasserpreis von zuerst 0,45 DM auf jetzt 1,50 DM pro Kubikmeter frei Verbrauchsstelle."

Ein großes Werk vollendet

1990 trat Max Binder als Vorsitzender des Zweckverbandes nicht mehr an. Er hatte in den 27 Jahren seiner Tätigkeit wahrlich Großes geschaffen. Unermüdlich war er in all den Jahren unterwegs für dieses Jahrhundertwerk, das in seinen Ausmaßen nur mit dem Bau der Eisenbahn vor hundert Jahren verglichen werden kann. Die Fernwasserversorgung im Bayerischen Wald ist inzwischen zu einem Vorzeigeobjekt erster Güte geworden. Fachleute aus aller Welt besichtigen ihre Anlagen. Eine 15köpfige französische Delegation verabschiedete sich mit der Feststellung: „Man hat uns dies als beispielhaft empfohlen. Das war nicht zuviel versprochen!"

„Mein Nachfolger als Verbandsvorsitzender wurde Landrat a. D. Helmut Feuchtinger. Der Verband baute seit 1995 in Flanitz eine neue Filterstufe ein, da die Kapazität der ersten Filterstufe erschöpft ist. Das ist nochmals ein Projekt von 30 Millionen DM. Mit dieser 2. Filterstufe können dann pro Tag 60 000 bis 70 000 Kubikmeter Wasser geliefert werden."

Seine Schilderung des Baues dieser gewaltigen Wasserversorgungsanlage schließt Max Binder voller Genugtuung mit der Feststellung: „Als ich aufhörte, hatte der Zweckverband keine Schulden mehr. Alle Darlehen waren getilgt!"

Einer muß zuerst gehen

Den traurigsten Tag in seinem Ruhestand schildert Max Binder so: „Am 12. Oktober ist mein Namenstag. Da hatten wir auch 1993 im Familienkreis etwas gefeiert. Mein ältester Bruder Josef aus Kirchberg war auch da. Am Abend haben wir uns am Tisch gemütlich unterhalten. Da stand meine Frau auf und sagte: „I geh voran ins Bett." Dann hat sie sich verabschiedet und nach etwa einer halben Stunde ist mein Bruder auch heimgegangen. Ich bin dann ins Schlafzimmer hinauf. Meine Frau Anneliese war noch wach und wie ich im Bett lag, sagte sie: „Mei, Papa, dös war a langa Tog, aber auch a schöna Tog. Ich dank' Dir und guat Nacht!" Dann hat sie sich herumgedreht und hat geschlafen.

Als ich früh aufwache und meine Frau anspreche, sagt sie nichts. Ich steh auf, geh ums Bett herum und streichle sie ein wenig. Sie rührte sich nicht und ich merkte, daß sie ganz kalt war. Sie war verstorben.

Da habe ich Dr. Otto Bernecker in Rinchnach angerufen, unseren Hausarzt. Der ist auch sofort gekommen. Leider konnte er nur noch den Tod meiner Frau feststellen. Der Herzstillstand dürfte nach seiner Meinung aufgrund der bereits eingetretenen Totenstarre gegen ein Uhr nachts eingetreten sein. Sie war zwar völlig frei von Krankheit oder irgend welchen Beschwerden. Lediglich beim Bergaufgehen hat sie öfter keine Luft mehr gekriegt." Und nach langer Pause sagt Max Binder: „Ja, es wäre zu schön auf der Welt, aber leider muß einer eben zuerst gehen!" Frau Anneliese Binder ist also am 13. Oktober 1993 verstorben, im 81. Lebensjahr. Jeden Tag, den Max Binder in Kirchberg verbringt, geht er mindestens einmal, oft auch zweimal zum unteren Friedhof in Kirchberg, um stille Zwiesprache mit seiner lieben Frau zu halten und für sie zu beten. Er weiß es: Ohne sie hätte er all dies nicht geschafft, was er im Leben vollbracht hat und das ist wahrlich viel.

Anneliese und Max Binder

Glückliche Ehe

Max Binder und seine Frau Anneliese führten eine sehr glückliche, beinahe 47jährige Ehe, in der sie nie aus dem Kirchberger Haus wegzogen. Das Ehepaar bekam drei Kinder. 1948 und 1950 die Töchter Anneliese und Hildegard und 1953 den Sohn Maximilian. Beide Töchter sind Erzieherinnen. Die älteste Tochter Anneliese Doffing ist in Deggendorf verheiratet, die jüngere ist seit 27 Jahren am Institut für Hörgeschädigte in Straubing tätig. Der Sohn Maximilian Binder machte in Metten sein Abitur und studierte Rechtswissenschaft an den Universitäten in Regensburg und München und ist bei der OBAG in Regensburg als leitender Angestellter tätig. Er hat vier Kinder: Florian, Benedikt, Katharina und Sebastian.

Die Brüder Jakob, Max und (sitzend) Josef Binder

*Max Binders einzige Schwester
Maria Seidl*

Max Binder erinnert sich: „Da ist es oft schon eng geworden. Alle drei Kinder waren auswärts in Internaten. Dorthin müssen wir 50 DM Schulgeld schicken, dorthin das Geld fürs Internat. Da mußte man schon sparen und rechnen, daß es immer glatt ausging."

Die Geschwister

Max Binders ältester Bruder Josef Binder war Schreinermeister in Kirchberg. Er wurde 1960 als Nachfolger von Max Binder zum Bürgermeister von Kirchberg gewählt. Er starb 1995 im 90. Lebensjahr.

Der Bruder Jakob war Landwirt in Unterneumais. Kinderlose Verwandte hatten ihn bereits als Kind zu sich genommen und ihm später auch den Hof übergeben. Er starb 1987 im 79. Lebensjahr.

Die 1915 geborene Schwester Maria Seidl lebt in München.

Max Binder 1997: Was ich mir wünsche:

Ich wünsche meiner Heimat und dem Ort Kirchberg im Wald, daß sie weiterhin blühen und gedeihen, daß die Leute friedlich und in Freiheit leben können, daß sie sich miteinander gut vertragen und jederzeit das Nötige zum Lebensunterhalt erringen können.

Ich wünsche mir darüber hinaus, daß das Leben bei uns und im Landkreis wieder geschätzt wird und daß hier Ruhe und Frieden herrschen. Alles kann passieren, nur einen Krieg darf es nicht mehr geben. Bei einem Krieg gibt es nur Besiegte und Verlierer, ganz gleich, auf welcher Seite man steht.

Ich wünsche meiner Familie, daß es allen gut geht und sie gesund sind. Man ist immer reich, wenn man gesund ist.

Ich danke allen, welche mitgeholfen haben, daß ich im Leben erfolgreich sein konnte, angefangen von den Eltern und Geschwistern bis zu den vielen Freunden und Bekannten. Viele haben mir geholfen, viele haben mich unterstützt, darum bin ich auch Vielen zu Dank verpflichtet.

Besonderer Dank gilt natürlich auch meinem Freund Walther Zeitler, der sich die Arbeit mit diesem Buch gemacht hat.

Max Binder

Lebensdaten von Max Binder:

11. August 1911:	Geboren in Kirchberg im Wald
1917 – 1924:	Volksschule in Kirchberg
1924 – 1926:	Feiertagsschule in Kirchberg
1928:	Melkerschule in Altenbach bei Landshut
1931 – 1948:	Mesner der Pfarrkirche St. Gotthard in Kirchberg
1936:	Buch- und Rechnungsprüfungslehrgänge in Plattling
1936 – 1960:	Geschäftsführung des Darlehenskassenvereins Kirchberg
1939 – 1945:	Teilnahme am Zweiten Weltkrieg
1945-1960:	Bürgermeister von Kirchberg im Wald
1946:	Heirat mit Anneliese Kehrer aus Lengfelden bei Passau
1948-1960:	Mitglied des Kreistags und stellv. Landrat des Landkreises Regen
1954-1970:	Mitglied des Bayerischen Landtags
1960:	Aufgabe der Geschäftsführung des Darlehenskassenvereins/Raiffeisenkasse Kirchberg und der elterlichen Landwirtschaft
1960 – 1972:	Landrat des Landkreises Regen
1963-1990:	Vorsitzender des Zweckverbandes Wasserversorgung Bayerischer Wald

Träger vieler Orden und Auszeichnungen:
  1960 Ehrenbürger der Gemeinde Kirchberg im Wald
  1964 Bayerischer Verdienstorden

Spätere Auszeichnungen u. a:
  Bundesverdienstkreuz 1. Klasse
  Päpstlicher Verdienstorden
  „Pro ecclesia et pontifice"
  Kommunale Verdienstmedaille

Inhalt

Max Binder	5
Kirchberg – Gotthardsberg	7
Die Eltern	11
Kinderzeit	14
Schulzeit	21
Beichte, Erstkommunion, Firmung	27
Ministrantenleben	31
Bua, vergiß das Beten nicht!	38
Die Burschenzeit	39
Schützenverein – Schützenball	46
Der Darlehenskassenverein Kirchberg	49
Siebzehn Jahre Mesner	58
Die Romfahrt	64
Wehrdienst – Kriegsdienst	75
Flucht in die Heimat	84
Der Entlassungsschein	92
Bürgermeister wider Willen	94
Liebe auf den ersten Blick	115
Nichts geht ohne Improvisation	123
Die Währungsreform	130
Der Bundespräsident und der sparsamste Bürgermeister	132
Wasser: Aufgabe für ein langes Leben	141
Gründung der CSU im Landkreis Regen	152
Landtagsabgeordneter Max Binder 1954 – 1970	155
Schwerpunkte der Landtagstätigkeit	167
Freunde und Bekannte	170
Wie ihn Freunde sehen	179
Die Kreissparkasse	182
Der Mann, der das Wasser brachte	185
Einer muß zuerst gehen	198
Max Binder: „Was ich mir wünsche"	202
Lebensdaten von Max Binder	203

Fotonachweis:

M.A. von der Leyen, München (1); FotoMaier, Regen (4); Josef Pfeffer, Kirchberg (12); Foto Roessler, Lindenberg (1); Helmut Rücker, Regen (1); Manfred Schober, Laiflitz (2); Franz Springer, Aidenbach (3); Foto Tomosch, Passau (3); Foto Ulrich, Ravensburg (1); Walther Zeitler, Regensburg (5)

Die übrigen Fotos waren ohne Ursprungsvermerk, die Namen der Fotografen konnten nicht festgestellt werden.

Der Autor

Walther Zeitler, geboren 1923 in Wiesau (Oberpf.), war von 1957 bis 1980 Pressesprecher bei den Bundesbahndirektionen Regensburg, Nürnberg und München. Er schrieb bisher 29 Bücher mit über 500 000 Druckauflage. Zeitler ist einer der besten Bayerwaldkenner und der meistgedruckte Bayerwald-Sachbuchautor. Er hat seit 1980 einen Zweitwohnsitz in Kirchberg im Wald. 1990 erhielt er den angesehenen Nordgaupreis für Dichtung.

Walther Zeitler führte die Interviews mit Landrat a.D. Max Binder und schrieb die bemerkenswertesten Stellen für dieses Buch nieder. Er verfaßte die erklärenden Zwischentexte und skizzierte das Layout dieser Biographie.

Im Verlag Attenkofer in Straubing erschienen von Walther Zeitler bisher folgende Bücher:

„Unser schönes Niederbayern"

mit Fotos von Klemens Unger und Walther Zeitler
128 Seiten, 77 Farbfotos, 1. Auflage 1995,
2. überarbeitete Auflage 1996.

„Unser schönes Straubing"

144 Seiten, 82 Fotos, 2 Karten, 1. Auflage 1996.

Der auf dem Nachsatz gedruckte Landkartenauszug stammt von einer Landkarte aus dem Jahre 1957.